# 「勘違い」だらけの
# 日本文化史

八條忠基

淡交社

目次

# 第一章 平安貴族の知られざる生活

牛車はスピードレースするほど高速 八
平安の猫はリード飼育 一〇
平安を襲ったインフルエンザ 一二
糖尿病第一号は平安人 一四
十二単は重い？ 一六
十二単はOL服 一八
平安男子、厨房に入るべし！ 二〇
天皇の名前を知らない廷臣たち 二二
平安時代のリサイクルペーパー 二四
昔からあるブラック職場への異動 二六
魔法だった算術、科学だった陰陽道 二九
お歯黒は口腔ケアのひとつ 三二
旅する女性がヴェールを被った理由 三四
蜂をペットにしていた平安貴族 三六
平安貴族のテーブルマナー 三八

持ち寄りパーティーは平安時代からあった　四〇
平安貴族も毛皮コートを着ていた　四二

# 第二章　古典教養の新常識

末摘花は超美人?!　四六
小野小町が詠んだ「花の色」は?　四八
在原業平が東下りをした理由　五〇
神武天皇は本当に「百年」生きた?　五三
「忠臣蔵」の裏にあった政治的な思惑　五五
ヤタガラスは三本足ではなかった　五九
因幡のシロウサギは何色?　六二
「望月の欠けたることも……」の真意　六四
『平家物語』の「花やあるじ」とは?　六六
「左近の桜」はもともと梅だった　六八
源頼朝の家紋は「笹龍胆」ではない　七〇
中宮定子の悲劇は因果応報?　七二
グレーなのに「アオサギ」の理由　七四

「みどりの黒髪」はなぜみどり？　七六
「あさぎ色」はグリーン？　イエロー？　七九
ヤマブキには実がならない？　八一

# 第三章　日本人が愛した美味と珍味

ローストチキンは今も昔もパーティーメニュー　八四
平安貴族も現代人と同じ酒を飲んでいた？　八六
日本酒の「正宗」は刀剣のことではない　八八
節分は恵方巻より「麦とろ」が本式　九〇
月見団子はもともと里芋だった　九二
臭いが難物だったタヌキ汁　九四
平安時代にもあった「飲み会禁止令」　九七
鰹のタタキは本当に「叩いて」いた　一〇〇
鰻の蒲焼きは「筒状」だった　一〇二
「冬」の土用の丑の日　一〇四
羊羹は煮物だった　一〇六
芋粥はスイーツ　一〇八

# 第四章 現代の常識は昔の非常識？


正月の和菓子にゴボウが入っている理由　一一〇
江戸時代の公家の貧しき食生活　一一二
みたらし団子の語源　一一四
東京の団子が４個１串の理由　一一六
「江戸」も食い倒れの街だった　一一八
平安のおにぎりは超巨大　一二〇
女医は奈良時代からいた　一二四
奈良時代のキラキラネーム　一二六
昔の人は思ったよりも長生き　一二八
古代人が勘違いしていた「サイ」　一三〇
光源氏も平清盛もマラリアだった　一三三
イヌが安産の象徴になったわけ　一三五
神聖なる「腐った木」文様　一三八
匂い＝嗅覚、ではなかった　一四〇
扇は日本の発明品だった　一四二

皇室の象徴が「菊」になった理由　一四四
天皇が作った「クイズ集」　一四六
大臣は親王より偉かった　一四八
女性のほうがノリノリだった断髪　一五〇
日本でクリスマスよりイブが盛り上がる理由　一五四
衣食住、なぜ衣が先？　一五六
喪服の色の大誤解　一五八
七夕の植物は「笹」ではない　一六〇
「くそ」は愛称だった？　一六四
「ひいき」の由来は妖怪？　一六六
「二礼二拍手一礼」は明治以降のしきたり　一六八
日本の神様は「日陰」にいた　一七〇
誕生日パーティーはいつからあった？　一七二

あとがき　一七四

# 第一章

# 平安貴族の知られざる生活

# 牛車《ぎっしゃ》はスピードレースするほど高速

平安貴族の乗った「牛車」は、のんびりゆっくり走るというイメージがありますが、文献を見ると、牛車でレースをするほど速い乗り物であったことがわかります。

風のように走る、足の速い優れた馬を「駿馬《しゅんめ》」と呼びますが、同じような意味で「駿牛《すんぎゅう》」もいました。鎌倉後期の『駿牛絵詞《えことば》』には牛を褒める言葉として「その姿は特に良く、大いに力があって、歩みは規則正しく、走る速度が速いこと風の如く」とあります。スピードレースなどもしていたようで、『駿牛絵詞』には賀茂《かも》の祭のときに白川中将伊長と二位法印御房俊玄がレースをしたことが記されています。双方ともに素晴らしい牛で、ものすごいスピードで走り出します。牛が溝の泥を蹴り上げて泥まみれになって、やり縄が切れても牛を制御し続ける牛飼童《うしかいのわらわ》。名牛と名童あってこその勝負である、というのです。牛飼は何歳であっても「童」（少年）と呼ばれ、絵巻物では禿げ頭になった高齢の「童」も数多く見ることができます。

そういう牛車に乗るのはたいへんです。源平合戦の時代、倶利伽羅《くりから》谷で、角に松明《たいまつ》をつけた暴れ牛を用いた奇襲で平家を破った木曾義仲《きそよしなか》ですが、公家《くげ》の用いる牛車には苦戦していました。『源平盛衰記』には初めて乗ったときの情景が次のように描かれています。

駿牛が飛ぶように走り、義仲は車の内でひっくり返ってしまいます。起き上がろうとしてもまたひっくり返る。すってんころりん、あっちへゴロゴロこっちへゴロゴロ。着慣れない装束を着て、蝶が羽をひろげたように左右の袖をひろげ、足を突っ張って頑張りましたが、六、七町走ってギブアップしたようです。いやもうたいへんな乗り心地、駿牛の牛車に乗るのには、相当な熟練を要したようです。

駿牛がときとして暴れ牛になる理由の一つとしては、当時の日本では牛馬に「去勢」を施さなかったこともあるでしょう。東アジア諸国においては普通に行われていましたが、日本では去勢はなぜか忌避され、そのため発情期の牛馬は気が荒くなることも多かったようです。中国文明を礼賛した奈良・平安時代でも「宦官《かんがん》」制度を導入しなかったこととの関連もうかがえ、興味深いところです。

こうした駿牛は全国から集められました。鎌倉時代の牛図鑑『国牛十図《こくぎゅうじゅうず》』には、筑紫《つくし》牛・御厨《みくりや》牛・淡路《あわじ》牛・但馬《たじま》牛・丹波《たんば》牛・大和《やまと》牛・河内《かわち》牛・遠江《とおとうみ》牛・越前牛・越後牛の10種類があげられています。「筑紫牛」については「元寇《げんこう》のとき蒙古《もうこ》軍が食べてしまって激減したが、最近復活した」とあります。やはり蒙古軍は、タルタルステーキにして食べちゃったのでしょうかね。

# 平安の猫はリード飼育

猫といえば、昭和の頃には家と外を自由に歩き回るような自由飼育が主流でしたが、現在では様々な理由から完全室内飼育が勧められています。平安時代も同じように室内飼育、しかも首輪に綱を付けるリード飼育が主流でした。

『枕草子』では、一条天皇が愛猫に五位の位を授けて殿上《てんじょう》猫とし、白い札のついた赤い首輪に段だら模様のリードを結びつけて、柱に結びつける金具や組紐《くみひも》を長く引き

ずって歩く姿は素敵に可愛い、と表現しています。また『源氏物語』（若菜上）でも、大きい猫が子猫を追いかけ、子猫のリードが引っかかって御簾《みす》がまくれ上がる、という情景が描かれています。この引き開けられた御簾のすき間から、衛門督《えもんのかみ》・柏木は、光源氏の妻・女三宮《おんなさんのみや》の姿を見てしまい、ここから彼の運命は狂い出します……。

鎌倉末期の絵巻物『石山寺縁起絵巻《いしやまでらえんぎえまき》』にも猫が描かれます。源順《したごう》が石山寺参詣に向かう途中の場面。大津の民家の入口に、エメラルドグリーンの瞳をした縞模様の猫が、赤い首輪をしてリードでつながれています。この当時、犬は放し飼いでしたが、猫はリード飼育が基本だったようです。

日本で猫の飼育が始まった経緯については諸説あります。かつては奈良時代に中国から経典を運搬する際に、ネズミの害から守るため船に一緒に乗せられて来たのが始まり、という説が一般的でした。しかし近年、弥生時代の遺跡からイエネコの骨が発掘され、日本における猫飼育の歴史が大きく遡りました。稲作とともに、ネズミ除けのために猫も来日したのでしょうか。いずれにせよ猫は鼠害《そがい》を防いでくれる大切な存在だったのです。

猫は貴重な存在でしたので、上流階級・余裕のある人々しか飼育できない動物だったのです。リード飼育も、猫を大切に扱ったからこそのこと、といえるでしょう。

# 平安を襲ったインフルエンザ

古今東西、疫病の流行は何度も人類を襲いました。その中でもインフルエンザは毎年、数多くの死者を出す恐ろしい疫病です。平安時代にも「咳病《がいびょう》」「咳逆《がいぎゃく》」という名称で、インフルエンザの流行が記録されています。『日本三代実録』の貞観十四（872）年1月20日の項は「咳逆病が発生し、死亡者の数が多い」と記します。そして続けて「人々は『渤海《ぼっかい》から客が来て異国の毒気が出た』と噂し合った」としています。「渤海」は満州からロシア沿海《えんかい》州あたりにあった国で、日本との往来がありました。つまり平安時代にも疫病は海外由来という認識があったようです。インフルエンザはシベリアの渡り鳥由来とも考えられていますから、渤海はかなり有力な汚染地といえるかもしれません。

『小右記《しょうゆうき》』（藤原実資）の寛弘二（1005）年2月26日、「資平《すけひら》が今朝から発熱している。もしかするとこれは咳病の初期症状であろうか。最近、天下の人々は貴賤《きせん》を問わず患っている」や、『本朝世紀《ほんちょうせいき》』（信西）の久安六（1150）年10月26日の「近日、咳病が発生した。貴賤・上下、免れる者はいない。老人が多く死んでいる。庶民もあらかた死んでいる。近年第一の咳疫流行である」など、インフルエンザと思われる疫病の記録は数多く見られます。『明月記』（藤原定家）の貞永二（１２３３）年２月17日には「近ごろの咳病を世俗では『夷病《えびすやまい》』と呼んでいる。去年、外国人が入京して多くの人々が見物したが、あれが非常に良くなかったのではないか」とあります。当時の医学は現代とは比べ物にもなりませんが、咳病が外国からもたらされたということを正確に見抜いていますね。

フィクションの世界ではありますが、『源氏物語』の光源氏もインフルエンザに罹《かか》った、という説があります。『源氏物語』「夕顔」の帖の描写が、インフルエンザの症状に似ているというのです。

光源氏は夕顔との逢瀬に、荒れ屋敷「なにがし院」に泊まりますが、そこで夕顔が急死してしまうのです。夕顔は物の怪《もののけ》によって取り殺されたことになっていますが、これは高熱による幻覚かもしれません。夕顔は震え、汗びっしょりになって死んでしまいます。そばにいる光源氏の体調もおかしい。むせるように咳き込み発熱します。見舞いに来た頭中将《とうのちゅうじょう》にも「夜明けから咳病になったようで、頭がすごく痛くて苦しいので失礼する」と答えています。

夕顔の死の翌日、光源氏は鳥部山《とりべ》に出向いて夕顔の遺体と再会しますが、そのあと帰宅途中に落馬してしまいます。「馬よりすべり落ちて、たいへんフラフラしている」というほどの衰弱で、回復に20日以上を要しているのです。フィクションにあれこれいっても仕方がないのですが、当時の咳病の症状を描いているとはいえるでしょう。

# 糖尿病《とうにょうびょう》第一号は平安人

日本人は昔から糖尿病に罹《かか》りやすいようで、特に食生活が贅沢であった貴族階級でよく見られる病気でした。糖尿病患者は喉が渇きやすく、よく水を飲むため、その昔は「飲水病」「口渇病」「消渇《しょうかち》」などと呼ばれていました。

平安中期に栄華を極めた藤原道長が糖尿病であったことは有名ですが、彼がよく「記録に残る糖尿病患者の第一号」といわれるのは誤りではないでしょうか。『日本後紀』に、弘仁三（812）年9月21日、藤原内麻呂《うちまろ》が病気のため辞表を出した記録があります。辞職理由は「かねてからの渇病が進行し、視力が低下して両脚の疼痛が悪化、歩行困難のため」とあります。これらの症状からすれば、藤原内麻呂の「渇病」が重度の糖尿病であることは明らかです。道長が糖尿病に罹ったのは、内麻呂の200年後。

その道長の糖尿病記録が、『小右記《しょうゆうき》』（藤原実資）の長和五（1016）年の記事に残されています。それによれば「近日は昼夜かまわず大量に水を飲むが口が乾き力がない。療治食として豆汁・大豆煎・蘇密煎《そみつ》を食べ、訶梨勒丸《かりろくがん》を毎日服用している。顔色は憔悴し、体力が衰えている」とあります。

道長に限らず、藤原氏には糖尿病で没したと思われる人物が散見されるのですが、これは藤原氏が贅沢な食生活を送っていたことに比例するのでしょう。糖尿病には遺伝的なものなど様々な原因がありますが、やはり多くは食生活の乱れによります。『今鏡』には、平安後期の藤原為忠《ためただ》について「あまり太ったためか、口渇病になった」とあります。鎌倉幕府を開いた源頼朝も、糖尿病で亡くなったという説もあります。『猪隈関白記《いのくまかんぱくき》』（近衛家実）には「頼朝卿は飲水重病によって亡くなったと聞いた」とあります。

さて、その当時の糖尿病治療はどのようなものだったのでしょう。インスリン療法などあるわけなく、やはり食生活の改善だったようです。平安中期の『医心方《いしんほう》』（丹波康頼）にはコンニャクが良いとされていますが、これはダイエットのためでしょうか。『小右記』を見ると道長は「豆汁・葛根《かっこん》・柿汁」など、食事療法をあれこれと試みていたようです。特に葛根がお気に入りだったようですが、『小右記』では「葛根は貧しいものが仕方なく食べるもので、貴族階級が葛根を食べるなど前代未聞」と、藤原実資《さねすけ》はあきれ顔です。

鎌倉時代の『喫茶養生記《きっさようじょうき》』（栄西）では、飲水病には桑粥が非常に有効だとしています。実際に桑の葉には血糖値を下げる成分があるとか。昔から色々と考えられていたのですね。

# 十二単《じゅうにひとえ》は重い？

装束の勉強をしていますと、「十二単は12枚ですか？」とよくお尋ねを受けます。「十二単」は『源平盛衰記』の安徳帝入水の場面に初めて登場する単語で、俗語です。十二は「十二分に」という言葉があるように「たくさん」というような意味で、12枚のことではありません。華美を競った平安中期には20枚以上も重ね、重くて歩けなかったという逸話さえあります。

そこでまた「十二単は重いでしょう？」と聞かれますが、確かに現代の本式仕立ての十二単は重いものです。ものによりますが15kgくらいあるでしょうか。現代の宮中では五衣《いつつぎぬ》を「比翼《ひよく》仕立て」にして、5枚重ねは外から見える衿・袖・裾だけとし、身の部分は表裏2枚だけの重ねにしていますが、これも重量軽減のため。立って儀式を行う近代以降の女子皇族に15kgは重すぎるのです。

しかし江戸時代以前の十二単は、三分の一の5kgくらいの重さでした。それは、当時と今では蚕《かいこ》の品種が違い、絹糸自体が違うからです。日本在来種の蚕の出す糸は、細く強く、引っ張り強度も高く、毛羽立ちが極端に少ない、という優れた糸でした。しかし飼育が難しく生産性も低かったため、明治中期にフランスやイタリアから入ってきた蚕品種に取って代わられてしまいました。海外品種の蚕は糸が太く繭《まゆ》が大きいのです。当時は生糸の輸出が殖産興業の国是でしたから、欧米で販売しやすい品種を導入した事情は理解できるものでしょう。この時代にフランスで蚕の病気が流行ったため、日本の生糸はたいへん売れて日本に富をもたらしました。

蚕品種「小石丸」に代表される在来種による絹糸は太さ35デニールほど。現在の一般的な絹糸は太さ84デニールですから、いかに昔の絹糸が細かったかわかります。実際に見比べますと、江戸時代の繭の大きさは現在の繭の三分の一ほどしかなく、その相違に驚かされます。

明治三十八（1905）年、当時の皇太子妃殿下（大正天皇皇后）が、東京蚕業講習所《さんぎょう》（現在の東京農工大学工学部）に行啓《ぎょうけい》され、お気に召された在来種蚕「小石丸」を東宮御所《とうぐうごしょ》にお持ち帰りになって以降、香淳皇后（昭和天皇皇后）、上皇后陛下美智子様、そして皇后陛下雅子様へと宮中養蚕は引き継がれています。皇居内・紅葉山御養蚕所での「小石丸」飼育は昭和60年代に廃止も検討されたそうですが、上皇后陛下の「日本の古いものは残しましょう」というお言葉で残り、今も「小石丸」が飼育されています。

# 十二単《じゅうにひとえ》はOL服

千年前の平安時代、清少納言や紫式部といった「宮仕え」OLたちは、「女房」と呼ばれました。宮殿や邸に専用の部屋（房）が与えられたことで、その名が付きました。

内裏《だいり》に勤務する女房の中で、帝にお仕えする、正式な国家公務員である女官は「上の女房」と呼ばれ、中宮《ちゅうぐう》や女御《にょうご》といったお妃に仕える私的な女房とは一線を画していました。清少納言が『枕草子』の中で、女官に対する羨望と嫉妬を込めた書き込みを多く記していますが、これは今でいえば「正社員のOL」と「派遣のOL」の確執、といったところでしょうか。

女官は、単なる「帝のメイドさん」ではなく、キャリア官僚として政治に関する様々な仕事をしていました。帝の日常は女官たちに囲まれているため、ある意味、男子の公卿《くぎょう》よりも、政治上の大きな決定に関わる場面に立ち会うことが多かった、ともいえます。代表的なものが「女房奉書」と呼ばれる帝の命令伝達書です。帝の女性秘書「内侍《ないし》」が承ることになっていましたので「内侍宣《ないしせん》」とも呼ばれます。室町後期の『三内口訣《さんないくけつ》』（三条西実枝）には「女房奉書事」として、「これは内侍宣に準じたものである。帝が口頭で命じられたことを内侍が承り、これを諸臣に伝達するので内侍宣と呼ぶ」と説明しています。

内侍宣は律令政治の時代からあった制度です。帝の公私にわたる様々な指示を伝えるのが内侍の仕事でした。『竹取物語』には、帝の「かぐや姫がどれほどの美貌か見て参れ」という私的な命令を内侍の「中臣のふさ子」が承って、帝の代わりにお言葉を「宣《のたま》う」シーンが登場しています。『古事談』（源顕兼）には、緊急事態に際しては会議を経ず、内侍が帝の命令を直接指示することが記されています。帝直属の警察部隊「検非違使《けびいし》」が女性の口頭指示で動いているのです。また「蔵人《くろうど》」（帝の男性秘書官）の任命も内侍宣の形で出されるのが通例でした。

千年前の表の世界でＯＬがこれほど重要な役割を公式に果たしていた国は、日本以外にはないのではないでしょうか。女性が活躍するのは平和な時代なのです。

唐衣《からぎぬ》や裳《も》をつける、いわゆる「十二単」は、平安時代には「女房装束」と呼ばれました。つまり「ＯＬ服」。偉い人の前に出るための装束です。テレビや映画で「偉いお姫様が十二単で、お付きの女房がラフな袿袴《うちぎばかま》姿」という場面がよくありますが、あれはまるっきり逆だといえます。

# 平安男子、厨房に入るべし!

「男子厨房に入らず」といわれることがあります。この言葉は古代中国の『梁恵王上《りょうけいおう》』(孟子)にある「禽獣が殺されるのを王様が見て可哀想になり、その肉を食べるなと言い出すと民衆が困る。だから君主は厨房に近寄ってはいけない」という一節からです。六世紀の『顔氏家訓《がんしかくん》』(顔之推)にも「儒家・君子は死を見るのが忍びないので厨房から離れる」とあります。料理がランクの低い作業だから、という意味合いではありません。

平安貴族にとって、料理は高尚な「趣味」の一つでした。平安中期の『新猿楽記《しんさるがくき》』(藤原明衡)には、趣味人が披露する趣味の中に、管弦や和歌・囲碁などと並んで「包丁、料理」とあります。つまり男子が料理をすることは、日本の伝統といえるでしょう。貴族社会では宴席で料理の技を披露する記録が数多く残されています。

『台記《たいき》』(藤原頼長)の康治二(1143)年10月の記事には、早朝に宇治川で網代漁《あじろ》を見物し、京都に戻った後、網代で獲った鯉を調理したことが記されます。包丁(調理担当者)は源行方。包丁捌《さば》きが見事で簡単に鯉を捌き、見ていて素晴らしいと思わない者はいなかった、というのです。人前で見事な包丁捌きを見せることは、評価がアップするポイントだったのです。鎌倉初期の『古事談』（源顕兼）には「一条天皇の御代、廷臣たちを呼び、清涼殿に炉《ろ》を立てて、讃《さぬ》岐守《きのかみ》高雅と伊与守《いよのかみ》朝順たちが料理を披露した」ことや、「鳥羽上皇の御前の酒宴で、刑部卿《ぎょうぶきょう》家長が包丁に奉仕した」ことなど、たくさんの料理披露の逸話が載っています。

『台記』の仁平二（1152）年正月の記録には、東三条殿での「大饗《だいきょう》」の様子が記されています。大饗というのは大臣が開催する大宴会のこと。藤原氏の長者である大臣は、受け継がれた家宝の「朱器台盤《しゅきだいばん》」を用い、華やかな料理とともに権勢を披露しました。ところが名料理人・左兵衛尉《さひょうえのじょう》の行賢が遅刻してなかなか料理が開始できません。遅れてきた行賢は、料理の手順についてあれこれ故実を並べますが、頼長は「もう飲み始めているのだから、はやく料理にかかれ」と申しつけ、ただちに行賢は鯉を捌いた、ということです。日本の歴史と伝統を考えるならば、「男性は料理などしてはいけない」などは笑止千万です。

# 天皇の名前を知らない廷臣たち

『源氏物語』を読んでいますと、人物を示す名称がどんどん変わって、どの人物のことかわからなくなってしまいます。光源氏の従兄であり友人の「頭中将《とうのちゅうじょう》」は、蔵人頭《くろうどのとう》兼任の近衛《このえ》中将の職にある者として登場しますが、その後に出世して権中納言、右大将、内大臣、太政大臣となり、物語の中ではそれぞれの官職名で呼ばれます。しかし現代の読者には理解を妨げますので、解説書ではわかりやすいように「元の頭中将」などと書かれることも多いようです。

当時は実名である「諱《いみな》」をオープンにせず、諱を知られることは、その相手に精神的に支配されることを意味していました。親や主君は子や家来を諱で呼び、目上の相手に対する一人称が自分の諱であったりしました。『源氏物語』では、光源氏の家来の「惟光」は諱で呼ばれます。のちに公卿《くぎょう》に出世しても「惟光の宰相」などと呼ばれてしまいます。それ以外の人たちの間では官職名で呼ぶことが普通でしたので、官職に異動があるとその都度呼び名が変わったのです。時代劇では主君を「○○さま」と諱で呼ぶことも多いですが、実際はそんなことはなかったのです。

さらに諱の漢字の「読み」もなかなかに難物なのです。同時代で、しかも天皇の名前というメジャーなものすら読み方がわからなくなっていた例があります。『中外抄《ちゅうがいしょう》』（藤原忠実述）の保延三（1137）年に興味深い記事があります。

藤原忠実と雑談の後、中原師元《もろもと》が「藤原篤昌が『篤衡《あつひら》』と改名しましたが、この『あつひら』は後一条天皇のお名前と同じでしょうか。私は帝のお名前が『あつひら』だという情報は、怪しいと思うのですが」と語りました。すると忠実は「後一条院のお名前は『敦成』と書いて『あつひら』と読むのは間違いない。崩御の後に人が『あつなり』と申し上げたところ、ご生母の上東門院《じょうとうもんいん》・彰子様が、『私はアツヒラだと聞きましたよ』と仰ったのだよ」と答えた、というのです。

『令集解《りょうのしゅうげ》』（職員令）には諱の付け方について「皇祖以下の天皇の諱は避ける」とありますが、読みが同じでも文字が違ったので藤原篤衡は大丈夫だったのでしょう。それにしてもご生母ですら我が子の名前を「アツヒラトコソ聞シカ」（……と聞きましたよ）と曖昧な記憶であるほど、当時は諱をオープンにしていなかったのですね。

# 平安時代のリサイクルペーパー

京都市、北野天満宮の西方に「紙屋川《かみや》」という川が流れています。かつては氾濫《はんらん》を繰り返す暴れ川で、それが右京衰退《うきょう》の原因ともされます。現在は正式には天神川《てんじん》と呼ばれますが、天満宮以北は今も紙屋川と呼ばれることも。なぜ「紙屋」かというと、平安時代、そこに「紙屋院」という役所があり、そこで紙漉《す》きをしていたからです。

かつて紙は貴重品でした。「檀紙《みちのくにかみ》」と呼ばれる高級な紙もありましたが新品は極めて貴重品で、使用した紙はほぼ100%回収され、朝廷の文房具係「図書寮」に属する「紙屋院」で漉き直されていたのです。こうしたリサイクル紙を「紙屋紙」と呼びました。『源氏物語』（玉鬘《たまかずら》）には「常陸《ひたち》の親王が書き置いた紙屋紙の草子」というものが登場します。しかし、墨で文書を書いた紙を漉き直してゆくと、だんだんグレーになってゆきます。そういう紙を「薄墨紙」と優雅に表現しました。

江戸中期の『続有職問答《ぞくゆうそくもんどう》』（安藤為実）には「紙屋紙の事いかむ」として、「蔵人《くろうど》が用いる薄墨色の紙である。蔵人の書く『口宣案《くぜんあん》』はこの紙を使うので、俗に『薄墨の綸旨《りんじ》』と呼ばれる」

とあります。叙位任官《じょいにんかん》の「口宣案」用紙には「紙屋紙」を用いることになっていたのです。鎌倉時代に描かれた『絵師草子《えしのそうし》』には、絵師が伊予守《いよのかみ》に任ぜられるシーンがありますが、絵師の持つ口宣案の紙はかなり濃い薄墨色をしています。

公文書に薄墨色の紙屋紙を用いた理由は、朝廷の倹約姿勢を表現するためでしょうか。現代の役所でもわざわざ「再生紙使用」と表記してエコロジーへの配慮を強調することがありますが、そういうようなことでしょう。しかしそれが一人歩きし、やがて新しく漉いた紙でも、わざわざ墨を入れてグレーにして「これは規定通りの紙屋紙」を演出したのです。ルールが形骸化してしまうのはいつの時代も同じですね。

ちなみに平安後期の中山忠親の日記抜粋『達幸故実鈔《たっこうこじつしょう》』には永万元（１１６５）年のこととして、人事考課の書類に白紙を用いるか紙屋紙を用いるか悩んだ記述があります。白紙を多用しているが「どうしても不審である」。蔵人に聞くと「紙屋紙を使ったほうが無難です」ということでした。どういう書類にはどういう用紙を使うか。これは重要なことだったはずなのですが、平安後期にはかなり混乱しているようです。

# 昔からあるブラック職場への異動

従業員のキャパシティーを超えるような、膨大な業務を押しつけられる過酷な職場は「ブラック企業」などと揶揄《やゆ》されますが、平安時代にもブラックな職場がありました。律令の変更改正をまとめた『類聚三代格《るいじゅさんだいきゃく》』の天長五（８２８）年に、興味深い「格」（律令を補完するための法令・詔のこと）が掲載されています。

「勘解由使《かげゆし》」という役所は、平安初期に地方国司《こくし》の業務引継ぎを監察する目的で設置された令外の官。「使」が付く役所は天皇直属を意味します。国司交代の引継ぎ完了証である「解由状《げゆじょう》」を点検するのが仕事でした。一度廃止された後、天長元（８２４）年に復活。そのとき、地方国司だけでなく全ての役所の業務引継ぎ監察も任務に加えられたから、さぁたいへん。たった８人の下級職員「史生《ししょう》」は、膨大な引継ぎ資料の点検に忙殺されることになります。さながら「ブラック役所」です。史生たちの悲痛な叫びが記録に残されています。

「身非木石、互有病故、書写之事、動致擁滞」

（私たちの体は木や石じゃないんですよ！　誰しも病気だってしまいます。書き写しの単純作業が膨大で仕事が停滞、肝心の監察業務が手つかずなのです）

「望請、置件書生、勧以出身、准民部左右京職等例、不歴省試者」

（お願いいいたします。書き写し専門の職員を増員してください。民部省や左右の京職みたいに、公務員試験免除で、ともかく採用してくださいませ）

この史生たちの願いは聞き届けられました。「書生」という、書写専門の職員が10名、増員されることになったのです。新規採用ではなく人事異動で対応。そして勘解由使に回されたのは、雅楽寮《ががく》の歌人5人と筑紫舞《つくしまい》・県舞《あがたまい》の舞生5人でした。そういう、事務作業とは無縁だったアーチストと申しますか、芸能関係のメンバーが、いきなり多忙な役所の地味な事務員に回されて、果たしてうまくいったのでしょうか。

『類聚三代格』には7年後の承和二（835）年にも同じようなことがあったことが記されます。外交・姓氏・僧尼・仏事・雅楽・山陵を取り扱った役所「治部省《じぶしょう》」は後に衰微しますが、遣唐使廃止前の平安前期では外交も重要で、姓氏の管理も実質的な意味を持っていました。仕事が多かったのに「書生」がいないというので、増員して欲しいという要望が出たのです。このときは治部省配下の雅楽寮から、「田舞生五人、筑紫諸県舞生五人」を、やはり試験免除で採用したというのです。ということは、天長五年の人事異動の結果成績が良かったということでしょうか。

ちなみに筑紫舞・諸県舞の舞人は、奈良時代に定員が定められています。『続日本紀《しょくにほんぎ》』の天平三（731）年の記録には、「雅楽寮雑楽生員」として諸県舞8人、筑紫舞20人が定められています。けれど時代の流れの中で、舞の先生や生徒はどんどん減らされ、そのぶん楽器演奏のメンバーが増員されたり、他の役所に人事異動になったりと、大幅に減員されてしまいました。嘉祥元（848）年には筑紫＋諸県舞生が28人からわずか3人に。大和朝廷以来、儀式の際に不可欠なものとされた「舞」の重要度が、平安中期までに大きく低下していった状況が見て取れます。

# 魔法だった算術、科学だった陰陽道《おんみょうどう》

律令制における科学分野担当の技官といえば、医師を別にすると陰陽博士・暦博士・算博士などでしょう。中でも「算道」はもっとも実用的な学問として重宝され、『養老令《ようろうりょう》』（職員令）には大学寮の役人として「算博士2人〈掌教算術〉、算生30人〈掌習算術〉」が定められていました。

実際の国家運営に数学は不可欠で、租税の計算をする主計寮《しゅけいりょう》は和名を「かずふるつかさ（数うる司）」（後に数えの司）と呼び、まさに計算力が必要でした。主計寮・主税寮《しゅぜいりょう》の頭・助（長官次官）は算博士の兼務で、下に「算師」が置かれていました。激務なので給料も良かったようです。このほか、修理職や木工寮などの技術部門にも、算道出身者が採用されました。

算盤《そろばん》のない時代、計算は「算木」と呼ばれる四角い小さな棒を操作して行いました。単純な道具ですが、これでかなり高度な計算をしたとは、もはやマジックの領域です。今も昔も一般人にとって、理系の技術はマジックのように感じたようで、陰陽師が魔術師扱いされたのと同様に、算道も妖術使いのように認識されていたようです。『今昔《こんじゃく》物語』に「俊平の入道の弟、算の術を習ひし語」という面白い話が載っています。

高階俊平《たかしなとしひら》という人の無職の弟が、太宰府で唐人に「算ができます」と計算して見せたところ、唐人は驚いて「日本に置いておくのは惜しい」と中国留学を勧めます。唐人は「算術は病気を治したり人を殺すこともできる」と算術の魅力を熱く語り、誘います。結局その弟は中国に行かず、唐人に呪われて呆けてしまい、出家することになりました。

あるとき兄の俊平入道のところに女房たちが集まって「庚申待《こうしんまち》」(庚申の夜に一晩寝ない風習)をしている夜のこと。ある女房が「弟さん、こういうときは眠気覚ましに何か面白い話をするものですよ」というと、弟は「私は口べたで人を笑わすことなどできません。ただ笑いたいと仰るなら、笑わせて差し上げましょう」と言うと、算木を持って来ます。女房たちはそれを見て「これが面白いって言うの? それこそお笑い草だわ」と嘲《あざけ》るばかり。弟は答えもせずに算木をさらさらと並べます。

するとどうでしょう。女房たちは突如「ゑつぼ」(笑いの壺)に入ってしまい、ゲラゲラと笑い出すではありませんか。しまいにはお腹が痛くなって「死にそう」と、笑いながら涙を流す者もいる有りさま。みな弟に手を合わせて助けを乞いますと、弟は置いた算木をはらはらと崩します。その途端、女房たちの笑いはおさまりました。

まったく非科学的な現象のように思えるのですが、何か催眠術のようなものを組み合わせた技術なのでしょうか。『今昔物語』は最後に「もしも人の命を操る術を身につけたらたいへんなことだったろう。このように算の道は極めて恐ろしいことであると人々は語った」とあります。

文系人間にとって高等数学はまったく理解を超えた魔術の領域。平安の人々も同じように感じたのかもしれませんね。

一方、「陰陽師」などは魔法使いのように認識されているかもしれませんが、当時としては天文観測技術を持った、算道と同じ「科学的技官」とでもいうべき位置づけでした。

たとえば「日蝕《にっしょく》」などの珍しい現象も、平安時代にはすでに天文現象として認識され、計算によって予測されています。そして当時、陰陽博士・暦博士・算博士・宿曜《すくよう》師といった技術官僚が計算により日蝕が現れる日時を朝廷に報告することになっていました。

『百練抄《ひゃくれんしょう》』の嘉応二（1170）年12月27日の記事には「来年の元日に日蝕が起こるか」の議論が載っています。暦道の学者が「日蝕は起きる」と主張し、宿曜道と算道の学者が「起きない」と異論を唱えました。その結果は『玉葉《ぎょくよう》』（九条兼実）に書かれています。「嘉応三（1171）年正月1日。今日、日蝕が有るか否かの議論があったが、遂に現れなかった。暦家の術が負け、算道と宿曜道の説が勝った」とあります。

『百練抄』には、寛元四（1246）年1月1日にも同じような記事があります。このときは陰陽博士たちが「日蝕あり」説で、算博士は「なし」説。結果として「なし」で、算博士雅衡は臨時ボーナスをもらった、とあります。当たると臨時ボーナスを支給されることもありましたが、外れるとクビになったりする例もあり、日蝕の予測は技官たちにとって非常にシビアなものだったのです。

# お歯黒《はぐろ》は口腔ケアのひとつ

お公家《くげ》さんのトレードマークのようにいわれる「お歯黒」ですが、実はお歯黒には虫歯を予防する実際上の効能があるといわれています。徳川家茂の遺体が発掘調査されたとき、将軍家のお歯黒のある女性は、虫歯が少なかったそうです。『源氏物語』(末摘花《すえつむはな》)に「歯ぐろめもまだしていない」とあるように、平安時代、お歯黒をすることは女性が大人になった証しでした。

お歯黒は、鉄媒《ばいせん》染によるタンニン染め。酢酸《さくさん》第一鉄とタンニンが結びついてタンニン酸第二鉄をつくり黒く発色、エナメル質に浸透して歯を守ります。また酢酸第一鉄は、歯や骨の基本成分であるカルシウムを強化し、これも歯を守ります。経験でそのことを知って、お歯黒をしていたのかも知れません。

『源氏物語』で、子どもの虫歯の描写としてよく紹介されるのが、「賢木《さかき》」に登場する冷泉帝《れいぜい》(5歳)です。「御歯の少し朽ちて、口のうち黒みてゑみ給へる、かをり美しきは、女にて見たてまつらまほしう清らなり」という原文を、多くの本が「虫歯で、笑うと口の中が黒く見える」と、虫歯の表現と訳しています。しかし本当にそうでしょうか。特に「女にて見たてまつらまほしう清らなり」（女の顔にしてみたいほど美しい）とあります。虫歯で歯が真っ黒の状態を「美しい」などと表現しますでしょうか。「女のように」というのは多分、お歯黒をしたようなイメージでしょう。虫歯説はどうも無理があります。

そこで気がつくのは、子どもならではの「歯の少し朽ちて」現象です。つまり乳歯から永久歯への生え替わりです。虫歯ではお歯黒ほど濃く黒くはならず、前面から見てお歯黒と見まごうほど黒くなっていたら、その虫歯は異常です。「虫歯で黒くなった」よりも「抜けて見えない」ほうが解釈としては無理がないと思います。

男子もお歯黒をするようになったのは、平安後期、「衣紋道《えもんどう》の祖」と呼ばれる源有仁《ありひと》からといわれます。しかしやはりお歯黒は異様ということで、明治になってまず男子のお歯黒がやり玉に挙げられました。明治元（1868）年正月の『太政官達《だじょうかんたっし》』で、「男子のお歯黒は上古にはなかった習俗なので、やめても良い」というゆるい命令が出ました。その2年後の『太政官布告』で「華族は今から、元服《げんぷく》した者が歯を染め眉を掃《はら》うことを停止する」と、禁止されたのです。女子のお歯黒も明治六（1873）年3月3日に「皇太后・皇后が御黛・お歯黒を廃止された」ことが『宮内省仰出《くないしょうおおせいで》』で公表されます。

こうして西欧文化には存在しないお歯黒が全廃されたわけですが、このことで虫歯が増えたとすると、なんとなくおかしくもあります。

# 旅する女性がヴェールを被った理由

お米「あきたこまち」の袋のデザインとして有名になった、平安時代の女性の旅装「むしの垂衣姿《たれぎぬ》」。大きな笠の周囲からヴェールを垂らした優雅な姿です。『仲資王記《なかすけおうき》』（神祇伯・仲資王）の元久元（1204）年の記載には、鎌倉将軍実朝《さねとも》の正室となって下向する信子姫の一行が記されています。姫は輿《こし》に乗っていますが、お付きの女房や雑仕《ぞうし》は騎馬《きば》です。笠には「蒸垂」を付けている、と書かれています。これは「むしたれ」と読み、「むしの垂衣」のことです。このように女性が旅装において笠に付けるヴェールが「むしの垂衣」なのです。

さて「むし」とは一体なんでしょうか？　江戸後期の『守貞漫稿《もりさだまんこう》』（喜田川守貞）には、カラムシ（苧、枲、学名：*Boehmeria nivea var. niponoivea*）つまり「小千谷縮《おぢやちぢみ》・越後上布《えちごじょうふ》」の原料で織ったので「むしの垂衣」だという説が紹介されています。しかしカラムシ繊維でヴェールのような半透明にするには、相当な技術が必要です。

同じく江戸後期の『骨董集《こっとうしゅう》』（山東京伝）では、「むしの垂衣というのは、笠に縫い付けて頭から身体を覆い、山野を歩くときにヒルなどを避けるためのもの」としています。そのものズバり「虫」を避けるためのヴェールである、と。そしてその虫とは「ヒル」であると。現代日本の都市生活者にはヒルは身近ではないですが、いまでも山里に出かけるとよく遭遇します。ヤマビル（山蛭、学名：*Haemadipsa zeylanica japonica*）が頭上の木から降って来て首筋を狙って吸血しに来るので、何らかのヴェールは必要だったでしょうから、大いにうなずけます。

平安時代、都でもヒルはポピュラーでした。そして医療にも用いられたのです。『御堂関白《みどうかんぱく》記《き》』（藤原道長）の長和五（1016）年の記事に「所労により足を蛭喰」とあります。また『小《しょう》右記《ゆうき》』（藤原実資）の万寿二（1025）年の記事にも「播磨《はりま》守泰通の左手親指が腫れたので、蛭喰の治療をしている」とあります。この「蛭喰」は、腫れたところをヒルに吸血させる一種の「瀉血《しゃけつ》」療法です。現在でも行われている方法で、ヒルの唾液には炎症を止める物質や関節炎症状を和らげる化学物質などが含まれているともいわれます。

それはさておき、ヒル除けのために垂らした「むしの垂衣」でしたが、『骨董集』では続けて「元々は虫を除けるためであったが、風塵を避け寒気を防ぎ、顔を隠すためにもなった」とあり、様々な目的で用いられた旅装であったようです。

# 蜂をペットにしていた平安貴族

人工的に蜂に蜜を生産させる養蜂は、古代エジプトでも確認できるそうですが、日本では文献にほとんど見られません。『日本書紀』には皇極天皇二（643）年、百済《くだら》から来た余豊《よほう》が養蜂を試みたけれども失敗した、とあり、どうも日本には養蜂技術がうまく伝わらなかったようです。

しかし平安時代、「趣味の養蜂」をしている人がいました。藤原宗輔《むねすけ》（1077〜1162）です。『今鏡』には「考えられないことに、蜂という人を刺す虫を好んで飼っていらっしゃった。香染めの紙などに蜂蜜を塗って、これを高く掲げて歩けば、たくさんの蜂が集まって来て飛び回っていたけれど、まったく刺されることはありませんでした」とあります。宗輔はなんと蜂に「足高」「角短」「羽斑」などという名前まで付けて、ペットとして可愛がっていたのです。名前を呼ぶと飛んで来たというのですから驚きです。『堤中納言物語《つつみちゅうなごんものがたり》』の「虫めづる姫君」は、宗輔とその娘「若御前《わかごぜん》」がモデル、ともいわれています。

この（人に呆れられる）趣味が思わぬ役に立ったこともありました。鎌倉初期の『古事談』（源顕兼）にはこうあります。「宗輔公の養蜂について人々は無益の事と言っていましたが、鳥羽殿で蜂の巣が突然落下して、上皇の前に蜂が数多く飛び回ったことがありました。人々は刺されたらたいへんと逃げ惑うばかりでしたが、宗輔公は慌てず騒がず、御前にあった枇杷《びわ》の枝を手にとって琴の爪で実の皮を剝き、これを掲げて蜂たちを集めました。すべての蜂を集めると家来に命じてよそに運ばせ、事なきを得ました。上皇は宗輔は賢いと喜ばれました」というのです。趣味は身を助ける、ということでしょうか。

ハチミツは天然自然の甘味料ですから、古くから利用されていました。単に「蜜」と言えばハチミツのことでした。平安中期の『和名類聚抄《わみょうるいじゅしょう》』（源順）には「蜜」の説明として「和名はミチ。甘い飴である。蜂が百花から採集して作り出す」とあります。また『続日本紀《しょくにほんぎ》』では天平宝字四（760）年4月のこととして、光明皇后が寝食が平穏でない状態になったときの平癒祈願に、お寺に薬と蜜を納めています。また『宇津保《うつほ》物語』（蔵開上）ではゴージャスな光景として「金の甕《かめ》二つ、一つには蜂蜜、一つには甘葛《あまかずら》を入れ、黄色の紙で口を覆っている」と表現されています。蜂蜜は「甘葛」とならび、平安時代の代表的な甘味料であったことがわかりますね。

平安朝廷運営マニュアルの『延喜式《えんぎしき》』を見ますと、蜂蜜については調度品を扱う「内蔵寮《くらりょう》」の部に載っています。それはなぜかと申しますと、食用というよりも、丸薬や練香を丸める「つなぎ」に蜂蜜が用いられたからです。現代でも「練香《ねりこう》」は香木の粉末を蜂蜜と梅酢で錬って丸めて作られています。

# 平安貴族のテーブルマナー

平安後期から末期の関白太政大臣《かんぱくだいじょうだいじん》・藤原忠実の談話を高階仲行《たかしなのなかゆき》が筆記した『富家語《ふけご》』は、当時の貴族たちの生活が、非常に具体的に解説された興味深いものです。そこには平安後期の食事の作法に関することも書かれています。

「果物や菓子を食べるとき、多くは手で食べる。かき餅や栗などを食べるときに箸を使うのは見苦しい。汁が垂れるものだけ箸を使う。但《ただ》し、手で食べたものは手で触《さわ》った部分は必ず食べ残すこと」

「神事の食べ物は食器を置いたまま食べる。なぜなら、神事の場合は料理が高盛りになっており、持ち上げると崩れて散らばるからである」

「箸は食べ口近くに持たず、末の方を持ちなさい。汁を食べる場合、ふつう飯があれば冷や汁に漬けて食べるのが一般的である。熱い汁に漬けるのも良い。状況を見て判断しなさい」

「宴席では、食膳の近くに座るべきである。遠くにいて『さぁ食おう』と膳に近寄るのは見苦しい。また、飯を汁に漬けるとき、一度にたくさん漬けてはならない。少しずつ漬けて食べなさい。箸に飯を少し乗せて少し漬ける。ナマスは汁を食べた後に食べてはいけない。正式な宴席では、遠くにある物を腕を伸ばして取るのは見苦しい」

「正式な宴席では、大口を開けて食べてはいけない」

「人に食べ物をサービスするとき、まずその人の前に進み、給仕から受け渡された物を取り次ぐようにしなさい」

「貴人の御前で食べるとき、粥でも酒でも自分で掬《すく》って食べなさい。手酌である。自分の家で食べるときは、家来に酌をさせて食べ、飲むこと」

「正式な宴席では、遠くにある物を箸で取ってはいけない。箸で皿を引き寄せてはいけない。汁を食べ終わった後、飯を少し入れる。箸に飯が付いていたら、汁飯で引く。箸を口で拭ってはいけない。貴人の前では、果物の種は懐紙《かいし》に入れる。吐き散らかしてはいけない。梨や柿は手で食べ、手で持った部分は食べ残して箸皿に置いておくこと」

「食べた後、装束の袖で口を拭いてはいけない」

「瓜を食べるときには、端まで食べないこと。大食い野郎に見られないためである」

……意外にアバウトで手づかみが多く見られます。平安貴族、案外とワイルドです。そして今では禁忌とされる行為でも推奨されていることもあれば、今と同じ約束ごともあります。ルールやマナーも、時の流れによって変化するものであることがわかりますね。

# 持ち寄りパーティーは平安時代からあった

参加者が一品ずつ飲食物を持ち寄る「ポットラックパーティー」。この形式の宴会は平安時代からあり、それは「一種物《いっすもの》」と呼ばれました。ホームパーティーだけでなく、宮中でも催されたようです。『日本紀略』の康保元（964）年10月25日の記事には、「宮中の左近陣座《さこんのじんのざ》で諸卿が一種物を開催した。魚鳥珍味を一種ずつ持参した」とあります。

室町時代の『壒嚢抄《あいのうしょう》』（行誉）には「イッス物とは何か。銭20文の厚さは1寸なので、20文ずつ出すのを『一寸物』という、とは下々の言う戯言《たわごと》である。『一種物』のことで、これは朝廷の古来の言葉である。各々が一種物を持って集まり、殿上において宴会を行ったのである」とあります。そのとおりで、一種物の記録は平安時代の文献で多く見られるのです。『小右記《しょうゆうき》』（藤原実資）には永観三（985）年に、『殿暦《でんりゃく》』（藤原忠実）には長治二（1105）年に一種物が開催されたことが記されます。特に後者は「興が乗って夜明けにまで及んだ。持ち寄られた一種物はすべて美味しいもので、目の前での調理も披露され、特に興ある宴となり、私たちは立って舞い踊った」とあります。

鎌倉前期の『続古事談』は「殿上の一種物は常の事なれども……」と書き起こし、「信濃守《しなのかみ》親隆《この》は大鯉を持参し、包丁の座に御厨子所《みずしどころ》の頭・久長を召して解体させようとした。御鷹飼の近衛府生《えふしょう》・敦忠は鳥を肩に掛けて来たので、小庭に召《め》して調理させた」としていて、目の前での解体ショーや調理は、興あるものとして好まれたことがわかります。

こうした持ち寄り宴会は、気をつけないと「見栄の張り合い」になるおそれがあります。そういうことが悲しくも美しい逸話として『古事談』（源顕兼）に残っています。藤原惟成《これしげ》（花山天皇の乳母の子、953〜989）が、まだ貧しかった頃のこと。花見で一種物を催しました。惟成は飯の割り当てとなり、長櫃《ながびつ》2杯の飯と、卵と塩という豪勢な品を持参し、人々の大喝采を受けます。その夜、妻の髪が背中で切られて短くなっていることに気づいた惟成。驚いて理由を聞くと、「太政《だいじょう》大臣家の飯炊きから、髪と交換に飯の長櫃を分けて貰いました」と微笑みながら言うのです。夫に恥をかかせまいという、なんという内助《ないじょ》の功《こう》でしょう。それなのに惟成は、花山天皇即位後にこの妻を離別して、金持ちの源満仲の娘を妻にするのです。なんという非道。

惟成は花山天皇の側近として権勢を振るい、「五位摂政」と呼ばれるまでに出世しました。しかし花山天皇は突然退位・出家（986年）。惟成もこれに従って剃髪《ていはつ》することになります。落《らく》魄《はく》の惟成に向かってかつての妻は、恨み言を言いつつも、また飯を持ってくるのです。これにはさすがの惟成も反省しました。これはあくまでも『古事談』の中のお話ですが「惟成の妻」、見上げたものですね。

# 平安貴族も毛皮コートを着ていた

現代では動物愛護の観点から賛否両論かまびすしい毛皮のコートですが、極寒のときに用いる防寒着として非常に優秀であることは間違いなく、昔から着用されました。あまり毛皮のイメージのない平安貴族たちも、毛皮のコートを着ていました。それが黒貂《くろてん》つまりロシアンセーブルの毛皮衣「貂裘《ちょうきゅう》」です。

『日本三代実録』の仁和元（885）年1月17日の記事には、この日はじめて「貂裘」着用禁止令が出たと記します。しかし参議以上の高位の公卿《くぎょう》は制限外とされました。

この禁制は法制化され、『延喜式《えんぎしき》』（弾正式）には「貂裘は参議以上の着用を許す」とあります。それ以下の身分の者は着用不可なのです。

非常に貴重な貂裘は、たとえ着用可能とされても簡単には買えないでしょうが、いずれにせよ最上級の貴族専用でした。その貂裘を何と8枚重ねて着てしまったという、超最上級の贅沢貴族がいました。醍醐《だいご》天皇の第四皇子である重明親王《しげあきら》です。平安後期の『江家次第《ごうけしだい》』（大江匡房）に、その重明親王がまだ元服前であった時代の逸話を残しています。「昔、渤海使《ぼっかいし》が都に来たとき、重明親王が鴨毛車《かもげのくるま》に乗り、貂裘を8枚重ね着して見物した。渤海使はわずか1枚を貴重品として持参してきただけだったので、8枚重ねを見て大いに恥じた」というのです。

重明親王がなぜそのようなことをしたかについては、若気の至り説や、黒貂を渤海ルート以外で入手できることを誇示する外交的パフォーマンス説など諸説ありますが、ともあれ重明親王は黒貂の毛皮と共に有名人になりました。しかし重明親王はいったいどこから、渤海使も驚くほど大量の貂裘を入手したのでしょう。平安中期の『和名類聚抄《わみょうるいじゅしょう》』（源順）の「黒貂」には「東北夷より出る。黒貂の和名フルキ」とあります。夷《えびす》と呼ばれた東北地方の人々が渤海方面との交易ルートを持ち、重明親王はそこから輸入していたのでしょうか。

平安中期になっても貂裘は使われていたようで、藤原高光（939～?）の出家を扱った『多武峰《とうのみね》少将物語』に、中宮から装束や寝具などを贈られたとき、なかに「貂の皮の御衣」があり、

夏なれど　山は寒しと言ふなれば
　この皮衣ぞ　風は防がん

という歌が紹介されています。似たような逸話が『源氏物語』の「初音」の帖にも登場します。冬だというのに薄着でいるのを心配した光源氏に対して、末摘花《すえつむはな》は「兄である醍醐の阿闍梨《あじゃり》の世話で忙しく裁縫もままなりません。私愛用の貂の皮衣を兄に取られてしまってから、寒くて仕方がありません」と答えています。山での修行に皮衣ということから、紫式部が『多武峰少将物語』を参考にしたと推測できます。『御堂関白記《みどうかんぱくき》』（藤原道長）の長和四（1015）年7月15日の記事に、天台山大慈寺に贈ったものとして「奥州貂裘」3領（長2領・短1領）が記されています。紫式部の時代に、奥州由来のゴージャスな黒貂の毛皮が用いられていたことは間違いありません。

第二章

# 古典教養の新常識

# 末摘花《すえつむはな》は超美人?!

『源氏物語』の中でも最高のおブスちゃんとされる「末摘花」。実は彼女には実在のモデルがいたと考えられます。醍醐《だいご》天皇の第四皇子・重明《しげあきら》親王の子である源邦正《くにまさ》がその人。『今昔《こんじゃく》物語』に描かれる彼の容姿は、痩せ型で背が高く、顔色が青白く、鼻は際立って高く色は赤い。そう、末摘花の初回登場時の描写に酷似しています。そして末摘花は寒いときに鼻の先を赤くし、黒《くろ》貂《てん》の毛皮を着込んでいるのです。

重明親王は北方交易に関係していたのか、黒貂の毛皮を持っていました（42ページ）。平安後期の『江家次第《ごうけしだい》』（大江匡房）には、黒貉の皮衣を8枚重ねて着て見せて、渤海《ぼっかい》国の使者を驚かせた、とあります。源邦正は平安時代には有名な人物であったようで、『落窪《おちくぼ》物語』の醜男「面白の駒」にも似たような描写が見られますし、紫式部が源邦正をモデルに親王の子である末摘花を描いたと考えるのも無理はありません。末摘花と源邦正の共通点は、(1)親王の子どもである(2)父親が黒貂と関係がある(3)容貌描写が酷似している、が挙げられるでしょう。かなり重要な状況証拠だと思います。

『源氏物語』で末摘花は「居丈の高くを背長」「鼻なりけり（中略）あさましう高うのびらかに、先の方すこし垂りて色づきたる」「色は雪恥づかしく白うて真青」「痩せたまへること」と描かれ、それが不美人の表現とされるのですが、改めて見ますと「背が高く鼻が高く、色白でスリム」という、現代的美人ではないですか。まるで人気者のハーフタレントのようです。これが平安時代には不美人の扱いだったのですね。

中央アジアのペルシャ系であるソグド人は、沿海州《えんかい》にあった渤海国に往来していました。その渤海国は日本と通交し、商人も来航しています。その一団の中にペルシャ系あるいはコーカソイド（白人）がいたとしても、決しておかしくはありません。渤海使との関連、そして容貌の特徴を考えれば、源邦正末摘花には大陸ソグド系の血が入っていたのかも。つまり末摘花はハーフ美人であった?!

実は紫式部は実際にソグド人を見た可能性があります。父・藤原為時《ためとき》が越前守《えちぜんのかみ》として赴任する前年の長徳元（995）年9月に、若狭《わかさ》の国に漂着した宋人の一行が、越前に移送されて来ました。その対応のために学者である為時が越前守に任ぜられ、娘の紫式部を連れて赴任しているのです。紫式部は恋人の藤原宣孝《のぶたか》から「唐人を見に行こうかな」というラブレターをもらっています。「唐人」の中に白人がいて紫式部がそれを見ていたとしたら、『源氏物語』に登場させても決しておかしくはないことですね。

# 小野小町《おののこまち》が詠んだ「花の色」は？

百人一首にもある小野小町の歌、

花の色は　移りにけりないたづらに
　我が身世に経《ふ》る　眺めせし間に

は、『古今和歌集《こきんわかしゅう》』に収録されている名歌。小野小町という人物は、実は出自も生没年も不詳で、架空の人物ではないかという説さえある、謎多き美女です。

その美女の詠んだこの歌ですが、ここでいう「花」とはいったい何の花のことでしょうか。

一般的には桜のことだとされます。その根拠は『古今和歌集』の「春の歌」部に収められ、前後に桜の歌があるからですが、その分類は選者の紀貫之《きのつらゆき》らの作業です。小野小町の申請ではありません。桜には「散る」イメージはありますが、「色が変わる」という感じでもないですよね。

「色が変わる・褪《あ》せる」表現で花を詠んだ歌は数多くありますが、実はそのほとんどはツユクサ（露草、学名：*Commelina communis*）の歌です。奈良時代から、移ろいやすい儚《はかな》さの色としてはツユクサの色が代表格。『万葉集』にも「鴨頭草（ツキクサ）に衣色どり摺らめども　移ろふ色といふが苦しさ」という歌が載っています。ツキクサはツユクサの古名です。

ツユクサの汁による染色は「縹《はなだ》」と呼ばれる美しいブルーですが、縹は「花田」とも表記され、単に「花色」とも呼ばれました。当時、ツユクサのブルーはそれほどにメジャーな色彩だったのです。しかし、ツユクサで染めた色はあっという間に色褪せます。それが「移ろい」「儚さ」のイメージに直結するのでしょう。『源氏物語』を見ても「なををとに聞く月草（＝ツユクサ）の色なる御心なりけり」と、移ろいやすい男心を表現しています。

小野小町の歌も、「眺め」は「長雨」に、「経る」は「降る」に掛けていることを思えば、梅雨時に花をつけるツユクサを詠んだ歌と考えられないでしょうか。そうなりますと、この歌の「花の色」はピンクではなくブルーということになります。

なお、ツユクサのブルーの移ろいやすさを逆手にとって利用したのが「青花《あおばな》」。友禅染などの下書きには、ツユクサの花の汁を用います。水にさらせば、下書きの線はきれいに消えてしまうのです。

# 在原業平《ありわらのなりひら》が東下《あずまくだ》りをした理由

平安時代の色男・在原業平が関東地方を旅したことを『伊勢物語』は記します。いわゆる「業平の東下り」です。そもそも、なぜ在原業平は東下りをしたのでしょうか。『伊勢物語』の記述では「我が身を用がないものと思い」とか「京都に居づらくなり」などと漠然と表現していて、具体的には書かれていません。京の都で女性スキャンダルを起こし、そのほとぼりを冷ますためにとか、それが原因で追放されたとか、恋に破れた悲しさでとか、様々にいわれています。

主原因はそこにあるのですが、より具体的な理由が鎌倉前期の『無名抄《むみょうしょう》』(鴨長明)に書かれています。「女性の兄たちは怒りのあまり業平の髻《もとどり》を切ってしまった。業平は『髪を生やそう』としばらく籠っていたが、『歌枕でも見ようか』と歌心を起こして東の方に行った」というのです。スキャンダルの懲罰として、女性の兄たちに髻、わかりやすくいうと「チョンマゲ」を切り落とされてしまったというのです。そして業平はチョンマゲが結えるほどに髪を伸ばすために、歌枕見物を兼ねて関東に下向した、と書いてあります。室町後期の一条兼良も『東斎随筆《とうさいずいひつ》』で「業平中将は髪が生えるまでとして、歌枕を見るために関東に下向した」と同説を支持して

います。
室町中期までの男性は、冠《かんむり》や烏帽子《えぼし》など必ず何かを頭にかぶっていましたから、チョンマゲを切られても問題ないのではないかと思われるかも知れません。しかし当時の冠は掛緒《かけお》をせず、「巾子《こじ》」（冠の突起部分）にチョンマゲを挿入して、左右からかんざしを刺し留めるのですし、烏帽子は内側の「小結《こゆい》」で髻を結わえて留めます。チョンマゲがないと頭に固定できません。
平安時代の京の都では、頭に何もかぶらないで人に会うことは決して許されないマナーでしたので、どうしてもチョンマゲが必要だったのです。つまり「チョンマゲを切る」ことは「人前に出られなくなる」ことと同じ意味であり、たいへんな懲罰だったわけです。業平はそういう罰を受け、何もかぶっていなくても許される未開の地・関東に下ったのでしょう。
しかし男性は加齢とともに頭髪が薄くなるもの。十分なチョンマゲが結えなくなってきます。すると冠が不安定になってしまいます。そういうときはどうするのか？　そう、出家するのです。しかしすっかりハゲ頭になってしまっても、かたくなに俗形を守り、冠を頭に乗せて出仕していた人物もいました。清少納言の父、学者の清原元輔《もとすけ》です。『今昔《こんじゃく》物語』に「歌読《うたよみ》元輔賀茂《かも》祭に一条大路を渡る語」というエピソードが載っています。

清原元輔は内蔵頭《くらのかみ》となり、賀茂祭の使の仕事で乗馬しつつ一条大路を進みます。すると突然、馬が暴れて元輔は落馬。老人が落馬したというので見る者は皆、気の毒がって騒いでおりますと、元輔はパッと元気に立ち上がりました。そのときのことを「冠が落ちたが髻がない。頭はお盆を被ったようだ」とします。お付きの者が冠をかぶらせようとするのを元輔は制して、「ちょっと待て、公達《きんだち》に言うことがある」と、元輔は殿上人《てんじょうびと》たちの車の前に進みました。その頭は「夕日が反射してまぶしい」と記します。

元輔は胸を張って演説します。「冠は紐で結ぶものではない。髻を冠に入れて固定するものだ。私は髪の毛がないから冠が落ちた。それだけのことだ。私は冠を恨まないぞ」と。このあと元輔は、よせば良いのに「冠が落ちた古今の例」まで、学者らしく滔々《とうとう》と演説し、若い公達からさらに失笑されます。

当時、かなり若くして出家する人が多くいました。彼らは出家したのにもかかわらず、かなり俗世の欲望まみれの生活を送っていましたが、これは「毛髪の問題」で冠をかぶれなくなり、仕方なく僧侶の形をとったケースもかなりあったのではないでしょうか。

# 神武天皇は本当に「百年」生きた?

まだ日本に文字記録のなかった時代のことは、『漢書地理志《かんじょちりし》』や『後漢書東夷伝《ごかんじょとういでん》』など中国の歴史書に載る「倭人《わじん》」の条を参考にするしかありません。その中でも最も有名な『魏志倭人伝《ぎしわじんでん》』は倭人の様々な風俗習慣を載せていますが、その中に「其人寿考、或百年、或八九十年」と書かれています。素直に読むと「倭人の寿命は100年あるいは80〜90年」ということになり、現代を上回るほどの寿命の長さです。これは当然、昔も疑問だったようで、こう注釈が加えられています。

「魏略曰。其俗、不知正歳四節。但計春耕秋収、為年紀」

これは倭人が正確な暦法を知らず、1年を365日と把握しないで「春1年」「秋1年」とし、365日を2年と計算していた、とも読めるのです。つまり『魏志倭人伝』の倭人の寿命は「割る2」して読むべきだと。そうすると「倭人の寿命は50年、あるいは40〜45年」。当時としてはごく自然な数字でしょう。こうした暦法を「二倍年暦《にばいねんれき》」と呼びます。

ここで注目すべきは、その後の日本の歴史書です。『日本書紀』には初代天皇の神武天皇が

「時年一百廿七歳」つまり127歳で崩御したと記されています。今でもこんな長命は不自然ですので、「だから神話なんてインチキ」といわれる原因にもなっています。しかし当時の倭人が二倍年暦で計算していたとすればどうでしょうか。

『日本書紀』における天皇の寿命、神武127歳・景行147歳・応神111歳・仁徳143歳などが表記の2分の1となり、神武の亡くなったのが63歳・景行73歳・応神55歳・仁徳71歳と、何の問題もなく受け入れられる数字になるのです。これですと「単なる非科学的な神話」の数字とはいえなくなるではないですか。そうとなれば神話の読み方も当然変わってきます。

『日本書紀』では、神武天皇は45才のときに東征を開始し、52歳で天皇に即位。127才で崩御された、と記載されています。これを実年齢22才の青年時代に東征し、26歳で即位、63才で崩御した、とすればまったく問題ない数字になりますね。

仁徳天皇143歳のあと、歴代天皇の享年に明らかに不自然な年数は見られなくなります。仁徳天皇の父・応神天皇の時代に裁縫技術など、様々な文物が朝鮮半島からもたらされたと『日本書紀』にあります。それによれば応神天皇七（276）年9月に高麗人・百済《くだら》人・任那《みまな》人・新羅《しらぎ》人が来朝しました。このときに、365日を1年とする中国の暦法も入ってきたのかもしれません。そしてそれ以後は、天皇の寿命も現代と同じように計算され、記録されるようになったとすれば、『日本書紀』の信憑性もより高まるでしょう。

# 「忠臣蔵《ちゅうしんぐら》」の裏にあった政治的な思惑

歌舞伎や人形浄瑠璃の人気演目「忠臣蔵」としても知られる赤穂《あこう》事件については、不明な部分が多いのが実情。関係者の覚え書きや聞き書きも、事件後10年以上経過し、事件や「義士《ぎし》」の社会的評価が固まった後のものが多いので、やや信憑性に欠けるところがあります。そのため様々に憶測の域を出ないのですが、それがかえって解釈の自由を許してくれます。

吉良上野介《きらこうずけのすけ》は幕府内で「高家肝煎《こうけきもいり》」という役職を務めていました。「高家」とは幕府の儀礼や朝廷との交渉を取り扱う旗本《はたもと》のことで、吉良や今川といった室町幕府の名家や、武田や織田など高名な戦国大名の末裔《まつえい》が任じられていました。お正月に幕府が朝廷に挨拶に送る使者も高家です。「松の廊下事件」のあった元禄十四（1701）年3月の勅使《ちょくし》は、正月に幕府が、まさに吉良上野介を使者として遣わした年賀挨拶の答礼として江戸に下ったのです。

高家は、京都の公家《くげ》たちには嫌われていました。幕府の権威をカサに着て、かなり横暴な振る舞いをしていたからです。吉良上野介はその中でも特に嫌われていたようです。関白・近衛《このえ》基熙《もとひろ》は、殿中での刃傷事件を聞くと、日記に「14日に武家伝奏《ぶけてんそう》と院司《いんし》が江戸城に登城したとき、吉良侍従と浅野内匠頭《あさのたくみのかみ》が口論に及び、内匠頭が吉良を一刀で討ったという。珍事々々」と記しています。「珍事珍事」というのは、「ほほう、これは面白い」ということです。この段階では吉良上野介の安否はわかっていません。まず上野介が斬られたということを「これは良いぞ」と思ったのでしょう。また、その情報を聞いた東山天皇も「お喜びになった」とあります。天皇も上野介を嫌っていたようです。

上野介が天皇や公家から嫌われ、将軍綱吉から重用されたのは、綱吉の母である桂昌院《けいしょういん》の、従一位昇叙実現に力を尽くしていたからです。桂昌院は西陣織り屋、畳屋、あるいは八百屋の娘ともいわれ、かなり身分の低い出身であったらしいのです。いっぽう従一位は最高の位階です（正一位の生前叙位は史上6人しかおらず、現実的には従一位が最高位）。この叙位運動では相当なゴリ押しがなされ、上野介は虎の威を借りて強権的に朝廷に迫っていたわけですね。これが公家には嫌われ、親孝行の綱吉には喜ばれた、という理由。

元禄十四（1701）年3月の「松の廊下事件」は、この「桂昌院従一位昇叙運動」の最後の詰め、というタイミングに起きました。愛する母のために頑張ってくれている上野介に危害が及んだということで、綱吉の怒りは尋常ではなかったことでしょう。またこの最終段階で、キーマン上野介を失いたくないという思いも。浅野内匠頭は即日切腹、上野介はお咎め無しという裁きには、そういう背景があったものと考えられます。結果として上野介の運動は実り、桂昌院は翌元禄十五（1702）年2月に従一位に昇っています。

このほか、次期将軍を巡る、近衛基熙と吉良上野介の対立もありました。子どものいない綱吉の跡継ぎとして、近衛基熙は自分の娘の夫である徳川綱豊（のちの家宣《いえのぶ》）を推します。いっぽう上野介は、わが子上杉綱憲《つなのり》の妻の兄、紀州の綱教《つなのり》を次期将軍とすべく運動していました。近衛基熙と吉良上野介は、なんだかんだで敵同士といえる間柄であったと考えられます。

近衛家諸大夫・進藤長之《しんどうながゆき》の親戚に赤穂藩士・進藤源四郎がおり、その縁で大石内蔵助《おおいしくらのすけ》は、近衛家の領地である山科《やましな》の地に隠棲することになったのです。当時の警察制度として、摂家《せっけ》の領地には幕府の権力は及ばず役人は入れません。内蔵助は自由に行動できたわけ。つまり、近衛家が憎っくきライバル・吉良上野介を討たせんがため、進藤長之を通して、陰に日向に大石内蔵助を援助したのではないか、ということも想像できるのです。

「松の廊下事件」後の近衛基熙の日記はさらにエスカレートしています。『基熙公記』では吉良上野介が斬られたことについて「朝廷の繁栄、その時を得る」と、大喜びしている様子がうかがえます。そして「密事等を詳しく談じた」ともあります。しかしこのあたりになりますと、歴史というよりむしろ小説の世界になってしまいます。

事件後、吉良の悪評もあってか、綱吉の次の六代将軍には近衛基熙の義理の子にあたる家宣が就任。そして基熙は異例なことに、2年間以上も江戸の神田御殿で、将軍の政務相談役を務め、しっかり幕府を掌握することになりました。公家が幕府で権威を示す、特殊な事例が生じたのです。

歴史は縦横斜めが絡みあった綾錦《あやにしき》。普通と違った側面から見るのも、また楽しいもの。江戸時代、お公家さんには何の力もなかったと勘違いされている方も多いのですが、武家は常に文化的に上位にあるお公家さんにあこがれていましたし、婚姻関係の「閨閥《けいばつ》」を使った影響力は、侮ることができないものがあったのです。

「赤穂義士」の顕彰碑に基熈の息子・家熈が揮毫《きごう》していることも、意味深長。大石一族は、その後も近衛家に仕える者が多く出ました。たとえば四十七士の一人である大石信清の兄、大石信興は近衛家熈に仕え、さらに桜町天皇の廷臣となって禁裏御使番《きんりおつかいばん》を務めました。いかに赤穂浪士と朝廷・摂家が強い結びつきにあったのか、よくわかります。

# ヤタガラスは三本足ではなかった

日本神話で神武天皇東征の場面に登場する「八咫烏《やたがらす》」は、日本サッカー協会のシンボルマークとしてもよく知られ、三本足であるとされます。しかし実際に神話に登場する「八咫烏」は、『日本書紀』でも『古事記』でも、どこにも三本足とは書かれていないのです。『日本書紀』には「天照大神《あまてらす》は神武天皇に『わたしは今、頭八咫烏を遣わすので、先導者としなさい』と仰せになると、果して頭八咫烏が空から翔降してきた」とあります。『古事記』では「高木大神《たかぎのおおかみ》が『行く手には荒ぶる神が甚《はなは》だ多い。今、天より八咫烏を遣わすのでその後を進め』と言われた」とあります。いずれにも三本足という記述がまったく存在しないのです。

では、どうして八咫烏が三本足という説が生まれたのかといえば、平安中期の事典『和名類聚抄《わみょうるいじゅしょう》』（源順）の記述からのようです。そこには中国の伝説で太陽の中に住むと信じられた「陽烏《ようう》」の説明として、「今考えるに、『文選《もんぜん》』のいう陽烏とは、『日本書紀』の頭八咫烏のことではないか。日本書紀解説書『延喜公望私記《えんぎきんもちしき》』ではヤタガラスとなっている」としているのです。『和名類聚抄』は後世に絶大な影響を与えましたから、その記述は多くの人々に信じられました。

中国の伝説というのはたとえば『淮南子《えなんじ》』（前漢）の「日の中に踆烏《しゅんう》あり。月の中に蟾蜍《せんじょ》（ヒキガエル）あり」や、『論衡《ろんこう》』（王充・後漢）の「日の中に三足烏あり。月の中に兎と蟾蜍あり」など、古くから信じられていたものです。月の中のウサギとヒキガエルはもちろん、月の「海」（黒色の玄武岩）の模様を見立てたものですが、太陽の中のカラスは黒点を表現したものともいわれます。その「日中三足烏」が『日本書紀』の「頭八咫烏」なのではないか、と『和名類聚抄』で語られているのです。しかし「今案（＝今考えるに）」とあるように、源順《したごう》（あるいは『延喜公望私記』

を書いた矢田部公望）が勝手に主張した新説、ということです。

この考え方がいつの間にか広まり、江戸時代の実証主義の国学者たちに批判を受けています。本居宣長《もとおりのりなが》は『古事記伝』で「和名類聚抄に『三足烏が頭八咫烏』とあるのは納得できない」と断言し、また江戸後期の『箋注《せんちゅう》倭名類聚抄』（狩谷棭斎）でも「源順が八咫烏を日中烏としているのは誤りである」とバッサリやられてしまっています。国粋主義の本居宣長としては、日本神話の八咫烏が中国由来の三本足デザインであるのが許せなかったのでしょう。ともあれ『日本書紀』『古事記』に記載のない「八咫烏三本足」説の根拠はまったくないのです。

平安初期、弘仁十四（823）年の即位礼の記録『淳和天皇御即位記』で会場装飾について見ますと「八咫烏と日・月形を立てる」とあって、八咫烏は日形と別物であるという認識でした。

近代の日本政府としても公式の見解では、記紀に登場しない三本足とするわけにはいかず、貨幣や従軍記章メダルなどに見られる八咫烏デザインは、二本足になっています。

# 因幡《いなば》のシロウサギは何色？

『古事記』に出てくる大国主命《おおくにぬしのみこと》と「因幡のシロウサギ」のお話は多くの方がご存じでしょう。その「シロウサギ」を「ホワイトラビット」だと思っている方が多いようですが、実はどこにも確証がないのです。

「白い体毛・赤い目」というウサギは、明治時代に西洋から来た品種を改良したものです。在来種のニホンノウサギが冬に白い体毛になるケースもありますが、『古事記』で描かれているのは蒲《がま》の穂がある季節。まだ冬毛に換毛してはいないはずです。突然変異のアルビノという可能性もないではありませんが、原則的には日本のウサギは茶色です。

『古事記』の該当箇所を見ますと、最初に出るのが「裸兎伏也」で、最後に出るのが「此稲羽之素兎者也」です。この「素兎」を「しろうさぎ」と読んだわけですが、本文中どこにもホワイトの描写は出てきません。「素」は「素人《しろうと》」の素です。当たり前に考えれば、この「素」は「悉剝我衣服」（皮をむかれて）「素っ裸」の「素」を意味していると解釈すべきでしょう。日本語では「素足」「素手」「素顔」のように、何もまとわないことに「素」を使う例は数多くあります。また『古事記』において霊性を帯びた白色の動物はイノシシやシカなど複数登場しますが、みな「白」という漢字が用いられており、「素」の例はありません。

江戸時代には「ホワイト」の意味に解釈されるのが一般的になっていますが、本居宣長《もとおりのりなが》の『古事記伝』を見れば、まず「裸」について「あかはだ」と読むとし、これはウサギの毛がないことを示しているとあります。そして「素」は「裸であった」という意味ではないか、とします。断定はしていませんが、「しろ」以外の読み方も考えられる、というのが本居宣長の判断でした。

ちなみに。大国主命が皮をむかれた裸ウサギに処方した「真水で患部をよく洗い、蒲の穂の黄色い花粉を患部によくすり付ける」という処方は妥当なものです。ガマ（蒲、学名：*Typha latifolia L.*）の花粉「蒲黄《ほおう》」は漢方薬で、止血・血液凝固《ぎょうこ》促進・抗炎症・鎮痛作用があり、まさにうってつけの処方。唱歌『大黒様』（石原和三郎作詞）では「きれいな水に身を洗い　がまのほわたにくるまれと」とありますが、「穂綿」（ガマの茶色い部分）には薬理効果はありません。尖った部分の黄色い花粉が大切なのです。日本の記録にこうした薬剤が登場するのはこの記述が最初なので、大国主命は「日本医薬の祖」「獣医の祖」ともいわれています。

## 「望月《もちづき》の欠けたることも……」の真意

平安中期の藤原道長といえば、権力を一手に握った傲慢な人物であるというイメージが定着しています。その根拠のひとつが、寛仁元（1017）年10月16日、道長の三女・威子《いし》が後一条天皇の皇后となった祝宴で、道長が詠んだという次の歌の存在でしょう。

この世をば　わが世とぞ思ふ望月の
欠けたることも　無しと思へば

太皇太后彰子《しょうし》・皇太后妍子《けんし》と共に、一家に三后が立つ前例のない慶事で、おのれの栄華を誇った歌と解され、道長の増上慢《ぞうじょうまん》を物語るエピソードだとされます。この歌が後世まで伝えられたのは、道長を批判する文章を多く残している、藤原実資《さねすけ》の日記に残っているからです。『小右記《しょうゆうき》』には、「太閤《たいこう》（道長）が私を呼んで『私は歌を詠もうと思うのですが、あなたも必ず返歌を詠んで欲しい』と言う。私は『応じないわけがございません』と答えた。太閤はつづけて『自慢の歌になります。ただし事前に準備したものではなく即興の歌ですがね』とのこと。〈この世をば……〉私は、『素晴らしく優美な御歌です。返歌を返しようがありません。この場の一同そろってこの歌を声に出して歌いましょう。元稹《げんしん》の菊の詩に白居易《はくきょい》は返せず深く感動し、終日吟詠したそうじゃないですか』。諸卿もこれに応じ、数度にわたってこの歌を吟詠した。太閤は微笑して、返歌を返さなかったことを責めなかった」と記されています。

『小右記』には道長批判の内容も多いので、この一節も道長の増長を批判したものと解釈するのが定説ですが、文章を文字通り読む範囲では、そこまで批判的な論調ではないように思われます。むしろ道長のご機嫌を伺っている感じすらします。「誇たる歌になむ有る」（自慢の歌になります）とあるところから、道長の自慢を描いている、ということでしょうか。

道長本人の日記『御堂関白記《みどうかんぱくき》』では、「私は和歌を詠み、人々がこれを吟詠した。終わって解散した」と、あるだけで、和歌の内容は書かれておらず、あっさりしたものです。

後世、道長を代表するエピソードのように語られる「望月の歌」ですが、本人はあまり深く考えずに、その場の余興で少しはしゃいでしまった、程度の認識だったのかもしれません。詠んだのは文書ではなく口頭ですから、「この世をば」ではなく「この夜をば」であったとする考えもあり、それですとせいぜい「今夜の主役は私」程度の自慢といえるでしょう。

実際はこの頃から、道長はたびたび病気で苦しむことになります。深読みをすれば、満月は必ず欠ける……という、ある種のむなしさを秘めた歌なのかも知れません。

# 『平家物語』の「花やあるじ」とは？

『平家物語』に、平忠度《ただのり》の

行き暮れて木の下陰を宿とせば
花や今宵《こよい》のあるじならまし

という歌が載っています。都落ちする平忠度が、桜の木の下で野営をすれば、この宿の主人は桜であろう、というように訳されることがほとんどです。

しかし平安時代「あるじ」という単語は、「主人」という意味だけでなく「宴会のご馳走」という意味もありました。本来は「あるじまうけ（饗設）」というのがお客をもてなすご馳走のことで、これを略してただ「あるじ」とも言ったのです。『宇津保《うつほ》物語』（吹上・上）には「海山の物尽くして参り、六位の衛府《えふ》諸大夫品々にいかめしくて、あるじしたり」、『源氏物語』（乙女）には「垣下《かいもと》あるじ」（垣下、つまり正客としてでなく、お相伴の座でもてなしを受ける饗宴）が登場します。また平安末期の『満佐須計装束抄《まさすけしょうぞくしょう》』（源雅亮）には「大将あるじの事」として、「肴果物を用意し、芋粥なども用意する」と当時のご馳走を並べています。

平安中期の『大和物語《やまと》』には、貧しくて聟《むこ》の少将に「あるじすべき」方法がなかったので、硬い塩魚で酒を飲ませ、庭に生えた菜っ葉を蒸して茶碗に盛り、その横に満開の梅の枝を置いて、花びらに手紙を書いた、という光景が描かれます。貧しい家の精一杯のおもてなしだったわけです。このように「あるじ」という単語は、「主人」以外に「おもてなしのご馳走」という意味があったのです。

それを考えますと『平家物語』平忠度の歌も、「落ち武者が桜の木の下で野宿をする今宵は、花こそが最大のご馳走だね」という意味にも読めます。驕《おご》る平家は久しからず。もはや豪華な食膳は望めない平家一門。より寂寥《せきりょう》感が強まると思えるのですが、いかがでしょうか。

## 「左近《さこん》の桜」はもともと梅だった

京都御所《ごしょ》・紫宸殿《ししんでん》の前庭の東西に、ヤマザクラとタチバナが植栽されています。いわゆる「左近の桜・右近《うこん》の橘《たちばな》」です。しかしこの桜は、古くは梅でした。

鎌倉初期の『古事談』(源顕兼)には、「紫宸殿の桜木は、もとは梅の木であった。桓武天皇遷都のときに植えられたものである。承和年間(834~848)に枯れたため、仁明天皇が新たな木を植えられた。その後天徳四(960)年の内裏《だいり》焼亡で焼失してしまい、内裏新造のときに重明《しげあきら》親王の家の桜木を移植した」とあります。しかし『村上天皇御記《ぎょき》』にその記述はありません し、公史である『日本三代実録』の記録とも合致しません。

『続日本後紀《しょくにほんこうき》』の承和十二(845)年2月1日の記事に「天皇が紫宸殿にお出ましになり、侍臣に酒を賜った。殿前の梅花を折られ、皇太子や侍臣などの冠に挿した」とあります。つまり845年には梅であったことは間違いありません。

『日本三代実録』の貞観十六(874)年8月24日の記録には「大風雨により、紫宸殿前の桜、東宮の紅梅、侍従局の大梨などの樹木がすべて吹き倒された」とあります。つまり874年には桜になっていたわけです。

『古事談』の「仁明天皇（在位833〜850）が新たな木を植えられた」というのが梅から桜への改植だとしますと、それは846〜850年のことであった、ということになるでしょう。

いずれにせよこの頃に、中国原産の梅から、国産の桜に変わったのです。梅は、元号「令和」の由来として知られる天平二（730）年開催の梅花宴の直前に、唐から輸入されたものと考えられています。その後、寛平六（894）年に遣唐使の派遣が停止されるなど、それまでの中国一辺倒の唐風の文化から、国風の文化・美意識を重視する価値観の変換が行われました。梅から桜への改植は、そうした時代の一つの象徴的な出来事、といえるでしょう。

## 源頼朝の家紋は「笹龍胆《ささりんどう》」ではない

鎌倉市の市章は「笹龍胆」です。鎌倉幕府を開いた源頼朝の家紋だという説から生まれたイメージなのですが、実は頼朝が属した清和源氏が「笹龍胆」の家紋を用いたとする記録は古い文献に見られません。そもそも源平時代の武家には「家紋」の認識はほぼなく、源氏＝白旗、平氏＝赤旗、という程度のシンボルしかありませんでした。

世間一般で「源氏の家紋は笹龍胆」と認識されていますが、源氏と龍胆紋との関係を語る最初の文献は鎌倉前期の『餝抄《かざりしょう》』（中院通方《なかのいんみちかた》）で、「当家の壮年の者が着用する指貫《さしぬき》は、龍胆多須岐《たすき》文様である」とあります。「龍胆多須岐」という総柄の一部に「笹龍胆」の文様が組み込まれているのです。これを書いた中院家は公家《くげ》の「村上源氏（村上天皇を始祖とする源氏）」。なぜ村上源氏が笹龍胆の文様を用いるようになったのかといえば、「源氏の出自は皇室であり皇室は桐竹紋。龍胆は花が桐に似て葉が竹に似るから源氏は龍胆紋」という説があります。皇室の桐竹そのものを用いることはできませんから、遠慮して笹龍胆を考案したのでしょう。

『吾妻鏡《あづまかがみ》』にも『太平記』などにも、武家の家紋として笹龍胆の記載は見当たりませんから、公家の世界だけで用いられていたものと考えられます。幕末までに公家の源氏では、村上源氏系10家、宇多源氏系5家、清和源氏系1家が龍胆を定紋としていました（出自が特殊な白川〈伯王〉・広幡両家だけは、別の家紋です）。公家の世界で「源氏＝龍胆」はほとんど間違いありません。

では武家はどうだったのでしょう。室町時代まで清和源氏で笹龍胆を家紋とする家は、ほとんどありませんでした。最も古い家紋集である室町中期の『見聞諸家紋《けんもんしょかもん》』に掲載される260ほどの家紋には笹龍胆はみられず、唯一「和州之越智《わしゅうのおち》」家（清和源氏頼親流）の「笹龍胆に二つ雁金《かりがね》」がみられるのみです。

戦国時代を経て江戸初期までは家系も家紋も混乱状態で、落ち着いて整理されたのは寛政年間（1789〜1800）ともいわれます。この頃まとめられた『寛政重修諸家譜《かんせいちょうしゅうしょかふ》』（1789年）では、清和源氏を自称する1810家のうち、笹龍胆を家紋とする家はわずかに43家です。

ところが6年後に『諸家紋起抄《しょかもんおこりしょう》』が出版されました。そこには「頼朝公は紋所に笹りんどうに二つ引領《ひきりょう》」という記述がありました。村上源氏と清和源氏を混同したものなのかどうなのか、まったく根拠文献が示されていません。しかしこの本は武家社会に広く流布し、その影響力は大きかったようで、笹龍胆紋は頼朝公以来の武家源氏の正統なる家紋と考えられ、清和源氏の子孫と称する武家が競って笹龍胆を家紋とする傾向が生まれました。

これが「清和源氏＝笹龍胆」イメージのルーツのひとつといえるでしょう。そして鎌倉市の公式な市章にまでなったのです。

# 中宮定子《ていし》の悲劇は因果応報？

自分の行ったことが自分に返ってくる。因果応報。そうした事例は歴史上数多く存在しますが、見事にブーメランが決まった例が平安時代にふたつあります。

まずひとつめ。菅原道真《すがわらのみちざね》は宇多《うだ》天皇に気に入られ、学者の身ながら近衛《このえ》大将・右大臣にまで立身出世を遂げました。宇多上皇は我が子・醍醐《だいご》天皇に君主の心構え『寛平御遺誡《かんぴょうのごゆいかい》』を書き残していますが、その中で「道真は時には耳の痛いことを言うが、正論である。私の忠臣であるだけでなく、新君の功臣でもあるので大切にしなさい」とまで書いているのです。しかし結果は『寛平御遺誡』が書かれた3年後の「昌泰《しょうたい》の変」における菅原道真の太宰府《だざいふ》左遷でした。宇多上皇はこの知らせを聞くと、帝に翻意を迫るため内裏に駆けつけますが、警固の者たちは上皇を内裏《だいり》に通さず、上皇は終日門前に座すのみであった……というのです。宇多上皇が宮門を通してもらえなかったのは、実は宇多上皇が天皇時代に出した命令によるのです。

一度、源姓を賜って臣下に下った経験のある宇多天皇は、退位させられた形の陽成《ようぜい》天皇の後に父・光孝天皇が即位したため皇族に復帰、やがて即位しました。そのため陽成上皇は「いまの天皇は私の家来だったやつだ」と馬鹿にして、あれこれ口出しをしていました。陽成上皇の干渉をうるさく思った宇多天皇は「神器のある内裏に上皇は入ってはいけない」とルールを定めて、陽成上皇が内裏に入れないようにしてしまいます。そのルールがブーメランの如くに自分にも降りかかってきたわけです。悲しいのは菅原道真。

　そしてもうひとつの例が、清少納言が仕えた皇后・定子の寂しい境遇。定子の父である藤原道隆の没後に勢力を伸ばした藤原道長は、娘の彰子《しょうし》を帝の后《きさき》に立てようとします。しかし正后である「中宮」には定子がいました。そこで道長は定子を「皇后」とし、彰子を「中宮」にしたのです。中宮は皇后の別称でしたので、実質的には皇后が二人存在するということになり、このことはいかにも道長の強引さが表れたものとされます。

　しかし、皇后と中宮を分けて正后を二人立てることには、前例があったのです。皇后がいたのに強引に「中宮」に立てられたのは定子本人。すでに三后（皇后・皇太后・太皇太后）の枠が埋まっていたため、父・藤原道隆が、皇后と中宮を分離させて定子を無理に中宮に立てたのです。藤原実資《さねすけ》は『小右記《しょうゆうき》』でこの四后並立を「未だかつて聞いたことがない」と憤慨して記しています。世人の反感を買った道隆の強引さが、まさか後年にブーメランとなって娘に返ってくるとは……。廻る因果の糸車、というところでしょうか。

## グレーなのに「アオサギ」の理由

アオサギ（学名：*Ardea cinerea*）という鳥がいます。全身がグレーの鳥で、どこから見てもブルーでもグリーンでもありません。これがなぜ「青鷺」なのでしょうか。「青鷺」という名前は古く、『続日本後紀《しょくにほんこうき》』の嘉祥元（848）年9月の記録にも「青鷺が紫宸殿《ししんでん》の南庭に集まった」とあります。

なぜグレーのサギを「青サギ」と呼ぶのか。結論をいえば、日本では「あお」は曖昧な色すべてを表す単語だったようです。古代の日本には、固有の色表現は「あか（明るい）」・「くろ（暗い）」・「しろ（しるし＝明瞭）」・「あお（淡い＝曖昧）」しかなかったらしいのです。赤・黒・白以外の漠然とした色はすべて「あお」です。

これは古代のみならず現代でもいえることで、末尾に「い」を付けて形容詞として使える色は、この4色と黄色・茶色だけです。「青い空」「赤い夕日」とは言いますが、「緑い森」とは言いませんね。固有4色以外はかならず何かから借用した「何々の色」なのです。紫色も、植物ムラサキによる染色の色、という意味です。形容詞になることができる文物は、民族に深く溶け込んでいる証拠なのです。

また色名を重ねた副詞「黒々」「赤々」「青々」や「白々しい」もこの4色だけで、「黄々」「緑々」などとは言いません。飛鳥時代に大陸からカラフルな染色技術が伝わってから、より多くの色彩表現が日本に導入されたといわれます。

古代の日本人は話し言葉で「あお」という表現をしていたわけですが、中国から文字が伝わったとき、ブルーを意味する「青」という漢字に「あお」という読みを当ててしまったのです。まず大和言葉があり、それを中国由来の漢字に無理矢理「訓読《くんよ》み」として当てはめてしまったことにより混乱が生まれたのですね。ですからグレーという曖昧な色の鳥であった「あおさぎ」に「青鷺」という漢字を当てはめたことで、疑問が生まれてしまうのです。

ちなみに「訓読み」とは「クニ読み」、つまり日本語読みという意味です。「音読み」の「音」はサウンドでもミュージックでもなく、中国語発音のこと。律令制度の教育機関「大学」には「音博士」という先生がいましたが、音楽の先生ではなく中国語の発音を教えていました。つまり、漢字を「訓読み」「音読み」できる私たち日本人は、当時ならバイリンガルであった、といえましょう。

# 「みどりの黒髪」はなぜみどり？

もともとは「赤」「黒」「白」「青」しか色彩表現のなかった古代日本ですが（詳しくは前項参照）、中国から様々な色彩と漢字がもたらされました。その中に「緑」があります。「みどり」は「青」と同じようになかなか難物な色彩表現です。「緑」という単語は奈良時代からあり、『養老令《ようろうりょう》』（衣服令）で規定される位階に応じた服の色「当色《とうじき》」では、六位七位の色でした。律令は中国からの直輸入でしたので「緑」となったわけですが、問題はこの「緑」が実際にはどのような意味であったか、ということです。

『今鏡』には「みどりの松、色を改めることなし」と常緑の松のたとえにされていますから、ここで「みどり＝グリーン」であることは間違いないのですが、こんな表現もありました。『松浦宮物語』の「みどりの空に澄み昇る月の影ばかり清く隅《くま》なき御さま」です。「みどりの空」は現在では使われない表現ですが、今も昔も空はブルーですから、「みどり」はグリーンでもありブルーでもある、ということになります。これは「青」とまったく同じ意味となります。

さらに複雑にさせるのが「みどりの黒髪」という表現や、「嬰児《みどりご》」です。どう考えても赤ちゃんはグリーンではありませんが、平安中期の『和名類聚抄《わみょうるいじゅしょう》』（源順）の「嬰児」の項には「美止利古」という読みが付され「始生の小児なり」とあります。また『栄花物語』には

年を経て　待ちつる松のわかばえに
嬉しくあへる　春のみどり子

という歌が載り、ここでは「松」のグリーンと「みどり子」の赤ちゃんを掛けた表現がなされています。これは一体どうなっているのでしょう。違和感はなかったのでしょうか。同じく『栄花物語』では

みどりなる　松の齢を争ふは
汀に匂ふ　白菊の花

という歌も登場し、完全に「みどり＝松の色」として表現されているのです。

ここで考えるべきは、中国由来の「緑」という漢字に人為的に大和言葉《やまと》の「みどり」を当てはめたという事実です。つまり「みどり」そのものはグリーンを意味する色彩表現単語ではなく別の内容を意味する語で、その「みどりの色」ということでグリーンに当てはめたのではないか、ということです。

様々な辞書では「みずみずしい」を「みどり」の語源として考えているようです。確かにそれならば、木々の緑も赤ちゃんも、問題なく解釈できます。あるいは「萌えいづる」が「みどり」の語源ではないかとも考えられます。「新緑」「黒髪」「赤ちゃん」のいきいきとした若々しさを表現するには合っていますし、「緑」＝「萌えいづる色」ということではないのでしょうか。

# 「あさぎ色」はグリーン？ イエロー？

色彩を説明するとき、文字だけではどうしても伝わりにくいところがあります。平安後期、大きな議論を呼んだのが「元服《げんぷく》の儀式で親王に何色の袍《ほう》を着せるべきか」という問題です。平安後期を代表する学者、左大臣・藤原頼長の日記『台記《たいき》』の久安六（1150）年10月23日の記事にこうあります。「重仁親王の元服に際しての袍色はいかにすべきかと鳥羽《とば》法皇がお尋ねになった。まだ品位《ほんい》を授けられていない「無品《むぼん》親王」は黄衣を着ることが『西宮記《さいきゅうき》』に書かれているし、『延喜式《えんぎしき》』（縫殿寮式）にも「浅黄は薄黄」という説明がある。よって薄黄色を用いるべきであろう」。そして12月1日、重仁親王は黄袍を着用して元服式を行った後、三品に叙されました。『西宮記』（源高明）の「黄衣は無品親王、孫王源氏などが着る。公卿《くぎょう》子孫が殿上《てんじょう》に昇るときも無官ならば黄衣を用いる」という記述を参考にしたのです。

しかし現在でも「あさぎ色」というと淡いブルーグリーンを指すように、「浅黄」もライトイエローかライトグリーンか判断に迷う場面もあったのです。鎌倉時代の『餝抄《かざりしょう》』（中院通方）には、雅仁親王（後白河天皇）の元服の際に、「浅黄」がイエローかグリーンか、で一問着あったことが記されています。「黄色の薄いのだ」と言う者もいれば、「古い文献を見ると、浅黄のことを黄衣と言っていたようだ。ある文献には緑袍と書いてある。だから、指貫《さしぬき》のようなグリーンタイプだと思う」と述べる者もいる。「浅黄は喪服の色だから、祝儀に用いるわけがない」と言う者もいて議論は白熱したとあります。色々と検討した結果、「薄女郎花《おみなえし》色」つまり濃いめの黄緑色だと結論しています。

平安後期、このことは大問題だったようで、様々な文献に登場します。『今鏡』には「出家する親王が多くなって元服儀式の詳細がわからなくなり、グリーンかイエローかわからないので、花園大臣（元皇族の源有仁《ありひと》）に聞いたところ、『自分のときは幼すぎて覚えていないよ』と答えた」とあり、混乱の様子がよくわかります。

そもそもどうしてこんな間違いが生まれたのかといえば、本来「浅葱」とすべき「あさぎ」に、「浅黄」という当て字を使ったからでしょう。江戸時代の国学者・本居宣長《もとおりのりなが》は『玉勝間《たまがつま》』で、「浅黄というのは、現在では青色の薄いのを指すが、昔は黄色の薄いのを指し、また緑色をも意味した。緑色というのは『浅葱』の意味で、発音が同じことによる混乱である。後に薄青色も浅黄と呼んだのは、この緑色から来たのであろう」と説明しています。

「浅葱」とは、葱《ねぎ》の茎の白から緑になる途中の色を指します。同じ「あさぎ」という発音であったため、伝達手段が文字情報だけであった時代、大混乱を呼んでしまったのです。

# ヤマブキには実がならない？

ヤマブキ（山吹、学名：*Kerria japonica*）には実がならない、と信じておられる方が多いのは、有名な太田道灌《おおたどうかん》のエピソードからでしょう。江戸中期の『常山紀談《じょうざんきだん》』（湯浅常山）には、有名な「山吹の里」伝説が掲載されています。

江戸城を築いた太田道灌（1432〜86）は、若い頃は無骨者でした。ある日、鷹狩りに出たときに雨に降られ、一軒の農家で雨具の「蓑《みの》」を借りようとしたところ、娘が黙って一輪の山吹の花を差し出しました。道灌は訳がわからず、「花が欲しいのではない」と怒って帰宅してしまいます。人に聞くと、それは古い歌にある逸話だ、と説明されました。つまり『後拾遺和歌集《ごしゅういわかしゅう》』にある兼明親王《かねあきら》の歌

七重八重花は咲けども山吹の
　みの一つだに無きぞあやしき

の意味、「八重の山吹の花は美しいけれど、実の一つもない（簑一つもない）」と掛けて、簑がないことを花一輪で答えたわけです。

これを聞いた道灌は自分の無学を大いに恥じて、それからは和歌の修行に励みました……というお話。元歌は最後が「なきぞあやしき」ですが、これを『常山紀談』では「かなしき」に変えて、情緒を高めています。

この逸話からヤマブキには実がならない、と思い込んでいる人が多いのです。しかしそれは「七重八重」の八重咲き品種だけのことで、ヤマブキも一重咲き品種はちゃんと実がなります。ヤマブキに限らず多くの植物の八重咲き品種は、雄しべが花弁化したものなので繁殖能力がなくなっており、原則として結実しないと考えられています。八重桜も実がなりません。

第三章

# 日本人が愛した美味と珍味

# ローストチキンは今も昔もパーティーメニュー

「焼き鳥」は今も昔も人々に愛される料理です。鳥を焼いて味付けして食べるこの料理は、大昔からありました。室町後期の幕府の料理番・大草《おおくさ》家の人からの聞き書き『大草殿より相伝之聞書』には、ずばり「焼き鳥料理のこと」という項目があります。ここには「塩鳥のときは、まず酒をかけてよく炙《あぶ》る。無塩のときは、いつものように鳥をさばいて擂《す》り醤《びしお》に浸して炙る」などと書かれています。「擂り醤」というのは、絞る前の醤油の素のような「醤《ひしお》」をすり鉢ですったもので、いわば醤油味。今と同じように、「焼き鳥、塩とタレと

どちらにしますか?」などというやりとりがあったのが面白いですね。さらに鳥の切り方は「長さ一寸（3㎝）程に切る。たてに薄く切る」とあります。これはちょうど現代の焼き鳥と同じようなサイズです。

『大草殿より相伝之聞書』には続けて「別足《べっそく》は車切りに切るのが良い」とあります。この「別足」というのは、モモ焼の骨に紙を巻いたものです。現代ではクリスマスパーティーなどでおなじみのモモ焼きですね。「別足」は豪華なご馳走として平安時代もパーティーには欠かせなかったようで、たくさん記録があります。

平安中期の『北山抄《ほくざんしょう》』（藤原公任）には「大饗《だいきょう》の四献《しこん》に雉《きじ》別足」とあり、また鎌倉初期の『厨《ちゅう》事類記《じるいき》』には「別足は焼いて関節から切り、薄紙で包んで盛る。関節から上は割って切り重ねてそばに盛る。晴の御膳には焼かずに茹でるのが良い」と調理法が具体的に書かれています。

鎌倉前期の『古事談』（源顕兼）には、学者として知られた宇治左府《うじさふ》（藤原頼長）が別足を食べるシーンが登場します。パーティーで別足が出たとき、彼の食べ方を学ぼうと人々が食後の皿を見ます。すると「関節の上をナイフで切り、曲がった部分を一口だけ食べてあった」とのこと。平安後期にその人有りといわれたインテリ左大臣、さすがにガツガツしない、優雅な食べ方だったようですね。

# 平安貴族も現代人と同じ酒を飲んでいた？

テレビや映画で「昔のお酒」が登場するシーンでは、「どぶろく」のような白く濁ったお酒が登場します。平安時代の文献には飲酒をともなう宴会シーンがよく登場しますが、当時のお酒とはどのようなものだったのでしょうか。

古代の酒造りについては、『延喜式《えんぎしき》』の、宮内省「造酒司《みきのつかさ》」の記載が最も正確でしょう。造酒司は朝廷で酒と酢を製造していた役所です。当時から様々なお酒があったようです。『延喜式』にはそれらの原料・材料、簡単ですが製造法と仕込み・配給時期が書かれています。現代の酒造家がそれらの記載から、それぞれのお酒はこうであったろうと推測しています。

御酒《ごしゅ》＝甘口の澄んだ酒
醴酒《れいしゅ》＝酒を酒で仕込む甘い酒
三種糟《さんしゅそう》＝米・粟・麦を用いて酒で仕込む甘口の酒
擣糟《すりそう》＝醪《もろみ》が熟してから臼《うす》で磨りつぶし、水を加えて漉《こ》した甘口の酒

## 熟酒《じゅくしゅ》＝長時間発酵させた濃い酒

最もポピュラーな「御酒」は「並限四度」、つまり現代の「段仕込み」のような製法であったようですから、アルコール度数も現代程度に高かった可能性もあります。

また酒を濾す布・ふるいについての「大篩十二条〈別五尺〉、絁小篩廿四条〈別一尺〉、縫篩糸二分、敷納盞筥暴布単十二条〈別二尺〉、布篩十二条〈別五尺〉」という規程もあり、絹布で濾して濁りを抜いていたようなのです。濁り酒でも上澄《うわず》みを絹で濾せば、今と同じように透明なお酒になりますので、たぶん平安貴族の飲んでいた御酒は、澄んだ清酒だったと思われます。朝廷が衰微して造酒司の製造がなされなくなってから、また日本の酒は安直な濁り酒に戻ってしまったのでしょうか。

つまり結論をいえば、「平安貴族の飲んでいた酒は、現代の甘口の清酒と大きく変わらない酒であった」、といえるでしょう。

# 日本酒の「正宗《まさむね》」は刀剣のことではない

日本酒に「なんとか正宗」という銘柄のものを多く見かけます。これは野菜のインゲン豆を日本に紹介した江戸時代の高僧・隠元《いんげん》禅師に関係がある、というと驚かれるでしょうか。

江戸初期、長崎の崇福寺の住持として来日した隠元は禅宗の「黄檗《おうばく》宗」を開き、京都・宇治に黄檗山萬福寺を開創しました。当代の名僧として後水尾《ごみずのお》法皇から「大光普照国師」号が特諡《とくし》され、のち大正天皇から「真空大師」が追贈されています。

萬福寺では現在でも精進料理が名物であるように、隠元は「普茶《ふちゃ》料理」と呼ばれる、植物油を多用する中華風の美味しい精進料理を普及させました。また、煎茶道を広め、孟宗竹《もうそうちく》を日本にもたらしたのも隠元といわれます。しかし最も有名なのは「隠元豆」を日本に伝えたことでしょう。

隠元は自らの宗派名を「臨済正宗《りんざいせいしゅう》」と呼んでいました。明国で自ら属した臨済宗の正統派という意味で、現在の「黄檗宗」という名称は明治になってからのものです。山城《やましろ》国深草「元政庵」瑞光寺において、その「臨済正宗」の経巻に目を留めた人物がいました。灘《なだ》の「宮水《みやみず》」を発見したといわれる蔵元六代目・山邑太左衛門《やまむらたざえもん》です。

それまで、役者名に由来する「薪水《しんすい》」という銘柄で清酒を出荷していましたが、名前が女性的で受けが悪いことに悩んでいました。そのとき経巻の「臨済正宗」を見て天啓を受けました。「正宗（セイシュウ）は清酒に通じるではないか！」

そこで天保十一（1840）年、酒銘を「正宗」に改めました。人々は「正宗」を大歓迎しましたが、「セイシュウ」ではなく「マサムネ」と呼んだため、「正宗」＝「マサムネ」が定着。高級酒「下り酒」として江戸で爆発的に売れ、大いに普及しました。全国各地にある酒銘「なんとか正宗」は、これにあやかったものなのです。

明治十七（1884）年、「商標条例」が制定されたとき、蔵元は当然ながら「正宗」で登録申請しました。しかし、「正宗は清酒の普通名詞である」として受け付けられませんでした。それほど「正宗」の銘柄は普及していたのです。そこで蔵元は国の花「桜」を冠して「櫻正宗」として登録しました。今も春の園遊会では櫻正宗、秋の園遊会では菊正宗が供せられることも有名です。

# 節分は恵方巻より「麦とろ」が本式

節分の行事食は？　と聞かれれば、今は「恵方巻」という回答が多いでしょう。太い巻き寿司を丸かぶりするという、いささか品のよろしくないこの風習は、昭和前期に大阪の花柳界で始まったものといわれ、お大尽《だいじん》が芸妓衆に無理を強いた色街らしいお遊びが発祥、というところでしょう。その後、大阪の寿司店が広めたといわれます。

江戸時代からの、文献的根拠のある節分の行事食といえば「麦とろ」でした。麦飯の上にヤマイモをすり下ろした「とろろ」をかけたものです。江戸後期の『守貞漫稿《もりさだまんこう》』（喜田川守貞）では、「三都（京・江戸・大坂）でも麦飯を食べることがあるが、たいていはとろろをかけて食べる」とし、「節分の日は恒例としてこれを食べる。食べるときはとろろか出汁《だし》を用いる。養生のために普段から食べる者もいる」とあります。

この風習は少なくとも室町後期には存在していました。室町後期の『年中恒例記《ねんじゅうこうれいき》』（広橋兼秀）には「節分むぎの食御いも、大草家がこれを調理する」とあります。そして幕末の大坂の風俗を記した『浪花《なにわ》の風』（久須美祐雋）には「節分と大晦日には必ず麦飯を炊いて赤イワシを添えて祝い食べる。都で年越に麦飯を食べることは貧富を問わずに一律である。江戸で蕎麦を食べるのと同じである」とあります。

現代における「大晦日に蕎麦を食べる」風習は立春前日に蕎麦を食べた名残のようです。ここで注目すべきは『守貞漫稿』の「養生のために普段から食べる者もいる」という部分で、麦飯や蕎麦が健康食として扱われていたということです。

三都の都会人は、粗末な副食で大量の白米を食べていました。これがビタミンB1の不足を招き、「江戸患い」「大坂腫れ」などと呼ばれる脚気《かっけ》の原因となりました。脚気が栄養不足による疾病と解明されたのは近代以降のこと。明治四十三（1910）年に鈴木梅太郎によってビタミンB1にあたる物質が発見され、翌年には「オリザニン」として販売されました。しかし昔の人々も経験から、ときどき麦飯や蕎麦を食べることが「養生」につながるということを知っていたのでしょう。

『浪花の風』では「都で年越に麦飯を食べることは貧富を問わずに一律」とあります。お金持ちも貧乏人も、天皇さんも長屋の住人も、その日はみんな同じように健康を願って麦飯を食べていた。挙国一致というか上下一体といいますか、何か良いなあと思わせてくれるお話です。どうやら恵方巻よりも、こちらのほうが由緒正しき伝統があるようです。

# 月見団子はもともと里芋だった

旧暦の8月15日の夜は「十五夜」と呼ばれ、その夜の満月は「中秋の名月」とされます。『和名類聚抄《わみょうるいじゅしょう》』（源順）は「秋は3か月間。7月は初秋、8月は中秋、9月は季秋」としており、「中秋」は秋90日間の真ん中の日を表すことに由来します。中秋の名月の宴は、古くは芋（里芋）の収穫祭という意味合いもあり、この日は「芋正月」そこから転じて「芋名月」などという呼び名もありました。現代では十五夜に丸いお団子を積み重ねて飾りますが、あれは本来は里芋であったのです。東京の月見団子は味を付けないまん丸の白い団子ですが、京都の月見団子は楕円《だえん》形で半分にアンを載せたもので、より里芋をイメージさせるものです。

空気が澄み、しかもまだ寒くはないこの季節は、月を鑑賞するのには、うってつけです。そこでこのタイミングが選ばれたのでしょう。昔から月見の宴が開かれました。日本最古の月見の宴は千百年以上前のこと。『日本紀略』には「延喜九（909）年閏《うるう》8月15日の夜、太上法皇（宇多《うだ》上皇）が文人たちを亭子院《ていじのいん》に召して、月影を浮かべた秋の池の詩歌を詠ませた」とあります。このときの源公忠《きんただ》の歌が『新勅撰和歌集《しんちょくせんわかしゅう》』に載っています。

いにしへも　あらじとぞ思ふ秋の夜の
月のためしは　こよひなりけり

このあと、連綿として月の宴は開催され続けました。『栄花物語』（月宴）には康保三（966）年8月15日夜に清涼殿で月の宴が行われたことが記されています。この風習は宮中での行事として定着し、月の宴は歌会であったり、管絃《かんげん》のセッションを楽しむ「御遊」であったりしました。『中右記《ちゅうゆうき》』（藤原宗忠）の寛治八（1094）年の記録には、殿上人たち40人がラフな狩衣姿に身を包み、池に浮かべた船に乗り込んで「御遊」を楽しんだ様子が見て取れます。

やがて時代が下がりますと、歌会や御遊が省略されて月見の宴会へと様変わり。「名月の御《お》献《こん》」として酒宴が催されました。江戸初期の『後水尾院当時年中行事《ごみずのおいんとうじねんじゅうぎょうじ》』（後水尾天皇）には「8月15日、名月御盃を常の御所で行う。清涼殿の廂《ひさし》の間に御座を設けて月をご覧になる」とあります。その宴には里芋とナスが出るのが決まりごとでした。『禁中近代年中行事《きんちゅうきんだいねんじゅうぎょうじ》』（勧修寺家文書）には「初献は里芋3つばかり。二献は小さいナスビ3個ばかり。お箸は萩《はぎ》の枝の箸。ナスビに萩の箸で丸く穴を開けそこから月をご覧になる」とあります。当然のように里芋が出ますし、面白いことにナスに穴を開け、そこから月を覗いてお願いごとをするというような風習があったようです。

# 臭いが難物だったタヌキ汁

昔の日本人は野生動物を食べていました。江戸前期の『料理物語』には「獣の部……」があり、シカ・タヌキ・イノシシ・ウサギ・カワウソ・クマ・イヌが食材として登場し、意外なバリエーションの豊富さに驚かされます。

昔話に登場する「タヌキ汁」は、室町時代の公家《くげ》も賞味していました。『宣胤卿記《のぶたねきょうき》』（中御門宣胤）には文明十二（1480）年のこととして、宮中の当番勤務が終わった後、都護《とご》（按察使《あぜち》長官）の屋敷で衣冠に着替え、そのままタヌキ汁パーティーを開催した、とあります。タヌキは室町時代には普通に食べられていたようで、他にも記録が散見されます。タヌキは「むじな」とも呼ばれますが、室町末期の『大草《おおくさ》家料理書』には、詳しい調理法が示されています。

「むじな汁の事」として書かれている内容は、「内臓を抜いた腹の中に酒かすを入れて縫いふさぎ、泥土をまんべんなく毛の上に塗って、弱火で焼く。焼き方は、下にヌカを敷き、上にもかけて蒸し焼きにした後、表面の土を落とすと毛も抜ける。そのまま四足をおろし、生ぬる湯に酒塩を入れて、塩をさらに入れた汁で煮る」というものです。土を塗って焼くのは臭いを消すための工夫かもしれません。一般的に草食動物の肉は臭いが弱く、肉食動物の肉は臭いのですが、タヌキは雑食なのでやはり臭いのでしょう。江戸初期の『料理物語』ではタヌキに関する記述が多く、「狸《たぬき》は汁、田楽《でんがく》山椒味噌」とか「狸汁は味噌汁に仕立てる。妻として大根・牛蒡《ごぼう》そのほか色々入れる。すい口はニンニク、出汁は酒塩」、さらに「狸汁の口伝《くでん》」として「身を造ったら松の葉・ニンニク・杣《そま》を入れ、古酒で煎り、そのあと水で洗って上から酒塩を掛けて汁に入れるのが良い。カワウソも同じように処理するのが良い」とあります。汁のほかに「田楽」（串焼き）もありますが、山椒で臭いを消すようです。またタヌキ汁は複雑に下処理してニンニク風味にすると。調理のすべては臭い消しが主眼になっているようです。

江戸後期、生真面目なイメージの松平定信もタヌキ汁パーティーを開いていたことが自著『関の秋風』にあります。「タヌキが入手できたのでタヌキ汁に調理させた。参加者誰しもが初めて食べるので、ちょっと食べては頭を傾け、しばし様子を窺いながら味わったが、その臭いが非常に悪く、全員が鼻を覆って吐き出した」とあります。どういう調理法をとったのかはわかりませんが、『大草家料理書』や『料理物語』にあるような下処理を十分にしていなかったのでしょうか。

江戸中期の『屠龍工随筆《とりょうこうずいひつ》』（小栗百萬）には、タヌキ汁の調理のコツが書かれており、そして「コンニャクなどを油で炒めて、牛蒡・大根と一緒に煮たものを名付けて『狸汁』という」とあります。あまりにもタヌキの下処理が面倒なので、コンニャクで代用してしまったようです。

江戸後期の『瓦礫雑考《がれきざっこう》』（喜多村節信）にもタヌキ肉の代わりにコンニャクを使った「タヌキ汁」が紹介されています。

江戸末期の『寧府紀事《ねいふきじ》』（川路聖謨）には、嘉永元（1848）年の正月に、槍術《そうじゅつ》で知られた宝蔵院の稽古始めでタヌキ汁を食べたという、とあります。そこには「昔は本物のタヌキであったろうが、今はコンニャク汁をタヌキ汁として食べているそうだ」と記されます。翌年の6月に宝蔵院の高僧とタヌキ汁の話になり、僧の言うには「昔は稽古場に精進はなく、稽古始めに真のタヌキ汁を出していた。近頃はタヌキ汁も精進に変えている。人を殺すのは大悪である。当山は神君家康公ご上覧の槍術の寺として今に至る。されば宝蔵院は日本随一の御免《ごめん》の大悪僧と言うべきか」と大笑したということです。

奈良の宝蔵院流槍術では、2003年から正月稽古始めの「狸汁会」を復活され、来場者に振る舞っておいでだそうです。ちなみに具はコンニャクとのことです。

# 平安時代にもあった「飲み会禁止令」

「酒は百薬《ひゃくやく》の長」ともいわれますが、酒がらみのトラブルというのも古今東西、数限りなく生まれています。そのために何度も禁酒法のようなものが出されていますが、こうした法令がなかなか守られないのもまた、人の世です。平安時代に酒宴禁止令が出されたことがあります。『日本三代実録』にある貞観八（866）年1月23日にも出された勅命《ちょくめい》ですが、酒飲みには非常に厳しいその内容を紹介いたしましょう。

「酒を飲むと理性を失って馬鹿騒ぎをしたり、喧嘩沙汰に及ぶこともあるので、今日からは、お祭りや医療行為の他は、飲酒をしてはならない。仕事上やむを得ない宴会をするとき、あるいは客を招いたパーティーをするときは事前に役所に届け出て、許可を得てから客を招待せよ。違反者は五位以上の者はボーナスを1年間停止。六位以下の者は解雇。無位の者は杖打ち80回の刑に処す」

「昇進した者に対して、『荒鎮《こうちん》』とか『焼尾《しょうび》』などと称し、祝いの酒宴を開けと強要するのが習慣となっている。そして度はずれた悪酔いをする。開催者はその費用で蓄えを失う。宴をしないと乱暴狼藉、酒肴が安っぽいと罵り騒ぐ。様々なトラブルの原因であるので厳重に取り締まるべきである。違反者は親王以下五位以上は給料没収。その他は前項の通り。見て見ぬふりをしたり隠し立てすると同罪である」

「神事のあとの宴会は、酔って歌って踊ることで神様を喜ばせるという主旨である。しかし招待客でもない現場作業員たちの酒乱ぶりはどうだ。幕の中に侵入したり扉をこじ開けたりのやりたい放題。最初は大人しく飲食をしているが、酔うにつれて『あれを出せこれを出せ』と要求が膨れあがり、出さなければ暴言の限りを尽くす。神様を呪ったり主人を恐喝《きょうかつ》したりの悪行は集団強盗と異ならない」

「富貴の者は『まぁまぁ』と大目に見てこれを黙認している。そんな者がどうして国の立法に関わるような仕事ができようか。徹底的に取り締まるべきである。その者の親がどんなに偉かろうと、役人である以上は厳しく取り締まる。違反の事実を見たり知ったりして黙認した者は、必ず違勅罪で摘発するから覚悟せよ」

まさに現代の酒飲みたちにも耳が痛いような内容です。その8年後の貞観十六（874）年9月14日にまた追加の法令が出されました。それによれば、武官である衞府《えふ》の長官になると、文官と異なり部下と生死を共にする「戦友」となる。飲み会で腹を割って話し合う仲にならないと、部下が命を懸けて戦ってくれない、ということで、新任長官は昔ながらの就任披露宴会を開催していたようです。正月行事「大臣大饗《だいきょう》」という儀式的宴会は、この法令と同時期に生まれたもので、禁令の例外措置であることを強調するために、わざわざ「儀式」にしたものではないか、といわれています。

しかしこれ以後にも何度も同じような禁令が出ているのは、結局はこの法令が守られなかった、ということなのでしょう。江戸時代の本居宣長《もとおりのりなが》も、『玉勝間《たまがつま》』でこのことに触れ、「こういう類のことは、その昔にもあったことだ」と苦笑しています。

# 鰹《かつお》のタタキは本当に「叩いて」いた

「鰹のタタキ」という料理があります。江戸時代には存在していて、近衛家熙《このえいえひろ》の行状を記した『槐記《かいき》』（山科道安）には、享保十三（1728）年11月13日のこととして、宴会「猪口《ちょこ》〈カツヲタタキ〉」が出たと記されています。戻り鰹の美味しいシーズン、元関白《かんぱく》で准三后《じゅさんごう》という最高位の公卿《くぎょう》である近衛家熙も「カツオタタキ」を賞味していたのですね。

「鰹のタタキ」というと、どういうイメージでしょうか。「鰺《あじ》のタタキ」は名称通り、肉を叩いて細かくみじん切りのようにしますが、「鰹のタタキ」は5枚におろして表面を強火でサッとあぶり、厚くスライスしたものです。これのどこが「タタキ」なのでしょうか。この現代のイメージの「鰹のタタキ」は古来のものではなかったようです。

江戸前期の『本朝食鑑《ほんちょうしょっかん》』（人見必大）には、「鰹　鰹醬〈即醢也《すなわちしおびしおなり》〉」として「俗称鰹乃多々岐《かつおのたたき》」と記しています。つまり江戸前期の「鰹のタタキ」は「鰹醬〈即醢也〉」であり、これは鰹を細かく切り刻んで熟成させ、自然発酵によって生まれた調味料のこと。つまりタイの魚醬「ナンプラー」的なものです。「醢《しおびしお》」は塩辛のようなもの。酒肴に好適なので今は「酒盗」の名で呼ばれています。現在の「鰹のタタキ」とは似ても似つかないものです。

江戸中期の『和漢三才図会《わかんさんさいずえ》』（寺島良安）には「堅魚　鰹醢〈俗云多太木《たたき》〉」とし、身肉と小骨を一緒に叩いて和え、醢にする、と記されています。これは「鯵のタタキ」と同じような製法ではないでしょうか。できあがったものはまさに「酒盗」です。

つまり「鯵のタタキ」同様の「鰹のタタキ」がもともとあり、後年になって、より新鮮な魚を美味しく食べる「土佐造り」が考案されたときに、旧来の「タタキ」という名称を当てただけ、なのではないでしょうか。近衛家熙が食べた「カツオタタキ」がどのようなものであったかは不明ですが、時代的には「鰹醢」形式であったと思われます。元関白さまも「酒盗」を肴《さかな》に、美味しく猪口のお酒を楽しんだのでしょう。

# 鰻の蒲焼《かばや》きは「筒状」だった

鰻の稚魚であるシラスが地球的規模で減っているということで、近年特に価格の上がっている鰻ですが、脂が豊富で美味しく栄養価の高い食材ですから、昔からご馳走として珍重されました。そして鰻料理といえば蒲焼き、というのが現在の共通認識でしょう。

ではその「蒲焼き」とは何のことか。「蒲」とは? 江戸後期の『近世事物考《きんせいじぶつこう》』(久松祐之)には、「今、鰻を裂いて焼いたものを蒲焼きと呼ぶ。その製法は昔とは異なる。昔は鰻を長いまま筒切りにし、縦方向に串刺しにし、塩を付けて焼いたものであった。その形が水辺に生える蒲《がま》の穂に似ているので、蒲焼きと呼ばれた。現代の製法はまったく違うが、名称だけ古いままにしている」とあります。ガマ(蒲、香蒲、学名: *Typha latifolia L.*)は水辺に生える多年草で、花が終わると茶色い筒状の穂をつけます。その姿はまるで串刺しソーセージのよう。

その他にも語源説はいくつかあり、『本朝世事談綺《ほんちょうせじだんき》』(菊岡沾凉)には「かば焼の色が紅黒で、その色や様子が桜の樺皮《かばかわ》に似ているから『樺焼き』とした」とあります。また『松屋筆記』(小山田与清)には「蒲焼は香疾焼《かばやき》」とも記されます。しかし昔から定説の、「筒切りにして串に刺して焼いた姿が、蒲の穂に似ているから」が正解だと思います。今のように開いて焼く形式は本来「いかだ焼き」とされていました。

蒲焼きの一番古い文献は室町末期頃の『大《おお》草《くさ》家料理書』です。そこでは「宇治丸かばやきの事」と記されています。当時京都では鰻のことを「宇治丸」と呼んでいました。宇治川で取れる丸い魚、ということです。その「宇治丸」を丸のままあぶってから切り、油と酒と混ぜて塗る、あるいは山椒味噌を付け食べるのも良い、としています。大草家というのは、足利将軍家の料理番で、四条流の流れを汲んだ儀式料理の家柄。この文献は、醤油の製造が始まった16世紀末頃に書かれたものとされますが、当時は塩味や山椒味噌味が「蒲焼き」の主流だったのですね。

# 「冬」の土用《どよう》の丑《うし》の日

夏の土用の丑の日に鰻を食べるようになったのは、平賀源内《ひらがげんない》が書いた広告キャッチコピーのおかげというのは有名な話です。夏バテに鰻を食べる風習は奈良時代には確立されていたようで、それは『万葉集』に載る大伴家持《おおとものやかもち》の歌でわかります。

石麻呂に　我れ物申す夏痩《や》せに
良しといふものぞ　鰻とり食せ

暦《こよみ》の「土用」は、四立《しりゅう》（立夏・立秋・立冬・立春）前の約18日間ずつの期間を指すので、春夏秋冬にあります。最近では冬の土用の丑の日にも鰻を売ろうとコンビニエンスストアが盛んに宣伝するようになりました。いかにも商魂たくましく……と眉をひそめられそうですが、実はこの風習は江戸時代からの伝統なのです。

江戸後期の『東都歳事記《とうとさいじき》』（斎藤月岑）の「十一月」の項には「寒中丑の日、丑紅《うしべに》と称して女

子は紅を求める。諸人は鰻を食べる」とあります。「寒中」というのは小寒・寒の入りから大寒を過ぎて立春の前日、節分までのことです。土用とイコールではありませんがほぼ同じ時期。この期間の丑の日に女性は紅を買い、そして人々は鰻を食べたのです。

この「丑紅」も広報戦略から生まれた風習。寒中に作られた紅は唇を彩るのみならず、唇の荒れを治し口中を清め、疫病を防ぎ虫を殺すといわれました。さらに子どもの疱《ほう》瘡《そう》や便秘に効くとまで広告は発展。これは売薬店も経営していた戯作者《げさくしゃ》・式亭三馬《しきていさんば》が考えたものといわれ、平賀源内の鰻と好一対なのも興味深いところです。三馬は源内を尊敬していましたから、「丑紅」のプロモーションは源内へのオマージュなのかもしれません。

鰻の本来の旬は脂の良くのった冬です。夏の鰻は脂が落ちてあまり美味しくはなく、売れ行き不振に悩んだ鰻屋のために平賀源内がキャッチコピーを考えたともいわれます。本当は冬の土用の丑の日のほうが、鰻を食べるのには良いのでしょう。

# 羊羹《ようかん》は煮物だった

伝統的な和菓子である羊羹。「羹」とは具を煮て入れる熱い汁物のことで、もともとはその名の通り羊肉の汁物を意味しました。それが冷めて煮こごり状態になったものが羊羹と呼ばれ、室町後期の『尺素往来《せきそおうらい》』（一条兼良）には、点心として鶏鮮羹・猪羹・驢腸羹・海老羹・白魚羹などと並び「笋羊羹」が記されています。この「笋羊羹」が日本で見られる最古の「羊羹」という単語ですが、タケノコの羊羹というのは、一体どのようなものだったのでしょう。

江戸時代、京都の代表的な菓子店といえば、今に伝わる「虎屋」でした。江戸前期の『人倫《じんりん》訓蒙図彙《きんもうずい》』には「菓子師」として、「各種の乾菓子、羊羹、饅頭《まんじゅう》の類、饂飩《うどん》、蕎麦切《そばきり》を売る。主人は受領《ずりょう》して国名を付ける。二口能登《ふたくちのと》、虎や近江《おうみ》、そのほか多い」と記されています。

この「虎屋近江」は江戸初期の後陽成《ごようぜい》天皇の御代から禁裏《きんり》御用を務めた菓子店で、寛文十二（1672）年に「近江大掾《おうみのだいじょう》」という受領官職を賜りました。当時、禁裏お出入りの商人たちは、経済的な貢献に応じてこうした受領官職を蒙《こうむ》って「帝の直臣」という立場で御所《ごしょ》・公家《くげ》・寺社の御用を務めました。虎屋近江は徳川綱吉や吉宗などにも菓子を納めています。

「二口屋能登」も、遅くとも元禄十四（１７０１）年には禁裏御用を承っていましたが天保年間（１８３０～１８４４）に経営破綻。営業権を虎屋に譲渡しました。屋号は残したまま虎屋の敷地内に看板だけ掲げ、虎屋当主の兄弟を二口屋店主に据えるという形で存続。実際に菓子を作るのは虎屋でしたから、本当に名前だけの存続だったわけです。それでも「虎屋・二口屋」は京都の和菓子の双璧でした。

江戸中期の近衛家熙《このえいえひろ》の記録『槐記続編《かいき》』の享保十六（１７３１）年10月11日の記事に、面白い話が載っています。嵯峨野《さがの》に遊びに行った際、御菓子に「栗子餅」が所望されました。亀屋と虎屋が呼ばれ、役人衆から嵯峨まで間違いないよう持参せよと命じられたのですが、両家ともに「できません」とあっさり辞退してしまいました。仕方なく「栗の粉は別の重箱に入れ、餅は餅で別に持って参れ」と条件を変え、問題なく届けられたというのです。昔から「長袖能舞多銭能商」（袖長の衣を着た者が舞うと上手に見える。銭を多く持つ者が商売すると繁盛する）というが、余裕のある者の商売はさすがである、というなかなか面白い話です。

さらに面白いのは、当時のお菓子屋さんは「うどん屋」でもありました。『人倫訓蒙図彙』にも「菓子師は饂飩・蕎麦切を売る」とありましたが、江戸前期の『雍州府志《ようしゅうふし》』（黒川道祐）の「饂飩」の項には、「所々にあるが、そのなかでも中御門《なかみかど》通の丸屋、長浜屋、一条の虎屋、二口屋が作ったものは良い。蕎麦麺もまた同じ」とあります。菓子屋は「粉もの」のエキスパート、ということだったのでしょう。

# 芋粥《いもがゆ》はスイーツ

芥川龍之介の小説『芋粥』は、『今昔物語《こんじゃくものがたり》』の「利仁将軍若時従京敦賀将行五位語」を元にしたものです。貧しい「五位」が「飽きるまで芋粥を食べたい」とつぶやいたところ、お金持ちの地方豪族が地元で大量の芋粥をふるまう、という話です。

現代人が「芋粥」と聞くと「サツマイモを切って入れたお粥」のイメージになってしまい、それを「飽きるまで食べたい」などとは思わないのではないでしょうか。しかし平安時代の芋粥は、コース料理でも最後に登場するスイーツだったのです。平安末期の『執政所抄《しっせいじょしょう》』には「臨時客」という正月の宴席で「五献は薯蕷粥《しょよかゆ》」と記します。『定家朝臣記《さだいえあそんき》』（平定家）の康平三（1060）年7月17日の大臣大饗《だいきょう》のメニューに「削氷、薯蕷粥の代わり」とあるように、平安のデザートは、冬は「芋粥」、夏は「削氷《けずりひ》」というのがスタンダードでした。

平安中期の『和名類聚抄《わみょうるいじゅしょう》』（源順）の「薯蕷粥」の項には「千歳藁汁は薄蜜のように甘美であり、これを細かくした薯蕷と混ぜて粥にする。食べれば五臓を補う。薯蕷粥の和名はイモガユ」とあり、つまり芋粥はヤマイモを甘葛煎《あまづらせん》（ツタの樹液）で煮たものです。作り方は『厨事類記《ちゅうじるいき》』

に詳しく記されています。それには「薯蕷粥は良い芋の皮をむいて薄くへギ切り、味煎《みせん》を沸かして芋を煎る。あまり煎りすぎてはいけない。また良い甘葛煎で煮るときは、甘葛1合に水2合ばかり混ぜて煮る。石鍋で煮る」とあります。

『和名類聚抄』の原文では「以薯蕷為粉和汁作粥」、つまりヤマイモをすり下ろすというように書かれています。ヤマイモの形が残ると「粥」らしくありませんから。しかし『厨事類記』では薄切りにするとあります。『今昔《こんじゃく》物語』には「長く薄い刀でヤマイモを削りつつ撫で切りにする。早く芋粥を煮る。さらさらと煮返して芋粥ができる」とあり、これは薄切りでサッと煮るという『厨事類記』派です。

作り方は案外簡単ですが、ツタの樹液「甘葛煎」(味煎)が貴重品で、『今昔物語』でも湯涌にたっぷりの味煎が、驚くほどのぜいたくな光景として描かれています。『今昔物語』で「五位」が「飽きるまで芋粥を食べたい」と言ったのは、現代の子どもが「プリンをバケツで食べたい」というような感覚と同じと思えば、納得できることでしょう。

# 正月の和菓子にゴボウが入っている理由

正月のおせち料理は、もともとは「歯固《はがため》」と呼ばれる儀式の料理でした。正月に固いものを食べて歯を固めるという意味で、「歯」は「齢」と同じく「よわい」とも読み、「よわいを固める」つまり、長寿を願う行事食だったのです。室町後期の『花鳥余情《かちょうよせい》』（一条兼良）には「歯固は三が日に食べる。歯はよわいであり、歯固はよわいを固める意味である。餅、大根、橘を盛る」とあります。

この風習は平安前期には既にあったようで古典にも数多く出てきます。『土佐日記』には「元日もなお同じ港にいる。いもも、あらめも、はがためもなし。こういうものがない国なのだ」、『枕草子』にも「よわい延ぶる歯固の具にも」とあります。

この「歯固」に供される食べ物はどのようなものだったのでしょうか。『延喜式《えんぎしき》』（内膳司）には「蘿蔔・味醬漬瓜・糟漬瓜・鹿宍・猪宍・押鮎・煮塩鮎」とあり、平安中期の『西宮記《さいきゅうき》』（源高明）には「大根・瓜串刺・押鮎・焼鳥・猪宍・押鮎・煮塩鮎」とあります。大根や瓜の味噌漬け、シカやイノシシの干し肉、鮎《あゆ》の塩干しなど、当時のご馳走で歯ごたえのありそうなものが並んでいます。

しかし時代とともにどんどん簡略化が進むのは世の常です。江戸前期の『後水尾院当時年中行事《ごみずのおいんとうじねんじゅうぎょうじ》』には「このごろの歯固は、古い絵図などで見るものとは別物である」とあります。どう変わったかというと「具を餅で挟む」というもの。サンドイッチ形式です。薄く丸い餅に赤い菱餅《ひしもち》を載せて白味噌を塗り、煮た牛蒡《ごぼう》や押し鮎などの具を挟んで食べたのです。丸い餅を「花びら」、赤い菱餅を「菱餅」と呼び、まとめて「菱葩《ひしはなびら》」と称しました。

江戸中期の『友俊記《ともとしき》』（中原友俊）には正月の宴席で「まず菱葩で御献《おこん》」と、酒の肴として食べています。『後陽成院以来当時公家年事《ごようぜいいんいらいとうじくげねんじ》』にも「正月元日。朝の御祝の大服《おおぶく》を飲む。酒宴の次第は、御盃、三つ肴。くし物・から物。初献は数の子、餅。二献は雉焼《きじやき》。三献はひし花びら、菱の餅」とあります。やはり酒肴扱いです。

慶応二（1866）年の正月、裏千家十一代・玄々斎《げんげんさい》が宮中献茶の際に賜った菱葩をヒントに、川端道喜《かわばたどうき》（御所《ごしょ》御用の御粽司《おんちまきし》）に初釜用のお菓子として制作を依頼し、明治三（1870）年に完成したといわれるのが、いわゆる「花びら餅」です。白味噌と牛蒡の甘煮を餅で挟むという一風変わったお菓子は、簡易歯固料理といえます。花びら餅は「包み雑煮」という別名もあるほどで、京都の白味噌雑煮を思えば納得でしょう。あの牛蒡は「歯固」の具だったのです。

# 江戸時代の公家《くげ》の貧しき食生活

平安時代に栄華を極めた貴族たちも、その後は経済的にずっと下り坂でした。江戸時代の公家はたいへん貧しかったのですが、名目の身分と文化面では非常に高い位置を占めていましたので、様々な副業で生活していました。半ば伝説ですが、岩倉具視《いわくらともみ》は屋敷を賭博場《とばくじょう》として貸して家賃を取っていた、という話があります。岩倉邸は丸太町通りに面していたため町衆が自由に出入りでき、幕府の取り締まりがあった際は裏口から（捕り方の入れない）御所《ごしょ》方面に逃げることができたところが便利だったというのです。

『幕末の宮廷』は一条家の侍《さむらい》（中間管理職）であった下橋敬長《しもはしゆきおさ》が、大正十（1921）年に語った懐古談です。そこに岩倉具視が食生活について語った内容が書かれています。「私の所は貧乏で、一向食べる物はろくな物は食べておらぬ。しかし1・15・28日は、難渋をしていた中にでも、鰊《にしん》と刻昆布《きざみこんぶ》とを煮て食べた。それが主人はじめ家来に至るまでのお祝いだ。御維新後、これを忘れてはいかぬによって、他のご馳走がたくさんあっても、そのときのお祝いの1・15・28日だけはこれを必ずつけた」とあります。

下橋敬長自身の食生活も書かれています。「そういう訳で、お公家さんでも、またわれわれのような軽輩の者でも、この三カ日はちょっとのお祝いをいたします。味噌汁と小豆飯を炊くときもあり、また小豆飯を炊きまして、味噌汁、今の鰊に刻昆布ぐらいでもつける。朝廷などでも、従ってそういう風で、下々のお公家さん、お公家さんは下々とは申しませぬが、お公家さん以下士分に至るまで、ちょっと、鰤《かます》あるいは鰯《いわし》ぐらいを、この三カ日だけはつけました」。これが当時の「ご馳走」でした。

御所に出勤するときの食事の話も載っています。弁当のおかずが「焼豆腐と刻昆布、香の物」で、たまに「揚豆腐が入れてあったらよほど良い」というのです。当時は「それがお美味しゅうございました」とのこと。摂家《せっけ》の家来たちにとっては、これでもご馳走だったのです。

二条家の侍であった根岸正懋《せいぼう》は明治維新の後、「あの美味しい味をもう一度」と奥さんに言って作らせました。「揚豆腐、焼豆腐、刻昆布を入れまして食べましたが、食べられはいたしませぬ。その時分は、それがお美味しゅうて堪りませぬでしたが、今食べると食べられない」というのです。昔、美味しかったはずのものが「今食べると食べられない」ほど不味いのだそうです。人間、美味しいものに慣れてしまうというのは恐ろしいことですね。

それにつけても貧しい時代を忘れないように、月に3度は「鰊と刻昆布とを煮て食べた」という岩倉具視は、大した人物であったと思います。

# みたらし団子の語源

とろみのある甘醤油味の葛あんがかかった「みたらし団子」は、「蜜垂らし団子」のことだと思っている方も多いようです。しかしこの「みたらし」、漢字では「御手洗」と書きます。京都・下鴨神社において、現代の葵祭《あおいまつり》「斎王代禊の儀《さいおうだいみそぎのぎ》」で斎王代が手を洗う「御手洗池《みたらし》」。その清浄な水に入って足を清めることができる神事に「みたらし祭」があります。御手洗池に膝まで足をつけて罪穢れを祓い、無病息災を願う夏祭りで、現代では毎年土用《どよう》の丑《うし》の日近辺で実施されています。

お祭りの楽しみが露店での買い食いであることは今も昔も同じです。歴史的に見れば「みたらし祭」は露店あってこそ、ともいえるでしょう。「みたらし祭」は、かつては6月末日の「夏越《なごし》の祓《はらえ》」にからめた納涼行事でもあったようなのです。人々が夕涼みをかねて、下鴨神社の神苑「糺《ただす》の森」での飲食を楽しみました。ここで売られたのが「御手洗団子」だったのです。

江戸前期の『日次紀事《ひなみきじ》』（黒川道祐）には6月19日に下鴨神社で「六月祓」が行われ、その日から諸人が「納涼の遊び」のために参詣する、とあります。糺の森に茶店がたくさん設けられ、その中で販売されたのが「酒・和多加鮓・鯉刺身・鰻樺焼・真桑瓜・桃・林檎・太凝菜（コ、ロブト）、そして竹串で貫いた団子数個を焼いたもの」です。この団子を「御手洗団子と称する。神職はこの団子を台に盛って公卿《くぎょう》に献上する。参詣の人もまた買い求める。あるいは蒲鉾《かまぼこ》や金燈籠（ホウヅキ）草を買って子どもを喜ばせる」としています。

同じく黒川道祐の『雍州府志《ようしゅうふし》』では「御手洗団子」についてもっと詳しく「粉を小さく丸め、5個ごとに青竹串で貫く。神職は50本か100本を竹葉を敷いた台に乗せ、公家《くげ》に献上する。また茶店でも売られ、貴賤を問わず買う。これは生の竹葉で包む。家に持って帰り、おんな子どものご機嫌を取る。また朋友に贈る。これを御手洗団子と言う」とあります。団子5個を竹串に刺すのは、今も変わらぬ京都の団子の特徴です。

現在の「砂糖醤油の葛あんかけ」タイプは、今もある「加茂《かも》みたらし茶屋」（亀屋粟義）によって大正十一（1922）年に考案されたものということです。醤油をかけながら焼く団子より、焼いてから蜜あんをかけるだけなので製法が容易で、団子が乾燥しにくいので、お土産には最適だったのです。

ちなみに「団子」が人気だったのは庶民の間に限りません。宮中に伝わる女房言葉で「いしというと、「美味」のこと。これをさらに丁寧にした言葉が「おいしい」です。同じく女房言葉で「いしいし」というと「お団子」のことになります。宮中女房たちにとって、お団子が最上級の美味であったのでしょう。

# 東京の団子が4個1串の理由

京都の団子は5個を串で刺しますが、東京の団子は少し大きいものを4個、串で刺します。京都の5個の由来には「五体を表す」ほか諸説ありますが、東京の4個は江戸時代以来の実用的な意味がありました。

江戸時代の銅銭は1枚1文の「寛永通宝《かんえいつうほう》」が主流でしたが、物価が上がると数多くの銭を持ち歩くのがたいへんになります。そこで幕府は明和五（1768）年、1枚で4文通用の真鍮《しんちゅう》四文銭を発行します。裏に青海波《せいがいは》文様が描かれましたので通称「波銭」。便利なためたちまち流通しました。これが団子の個数に影響します。

団子1個を1文と考え、波銭1枚のワンコインで買える利便性を求めて4個にしたのです。江戸は幕府のお膝元とあって物価統制が厳しく、様々な物の単価が公定されていましたので、1個を小さくして値段を下げ5個にする、といった便法が使えなかったのです。そうしたことから江戸の商品価格は、支払いの利便性から4の倍数が多くなりました。

落語『時そば』は上方《かみがた》の『時うどん』の翻案とされますが、噺のなかで男は、蕎麦の値段16

文を一文銭で「1枚2枚……」と支払おうとします。本来は波銭4枚で支払うのが当然でしたから、この男はとんだ野暮天ということになります。江戸後期の『守貞漫稿《もりさだまんこう》』（喜田川守貞）で蕎麦店の価格を見ますと「そば16文、あられ24文、天ぷら32文、花まき24文、玉子とじ32文、上酒一合40文」と見事に4の倍数ですから、すべて波銭で支払い可能です。

江戸では屋台食、ファストフードが盛んで、今でこそ高級料理の天麩羅や寿司も、もとは屋台のスナックフードでした。『守貞漫稿』では「鮓《すし》」について「鶏卵焼・車海老・海老ソボロ・白魚・マグロサシミ・コハダ」などと並べ、価格は「以上だいたい8文なり。その中で玉子巻は16文なり」と記していますから、これもすべて波銭で支払えます。釣り銭の用意も必要ないので楽だったことでしょう。

江戸後期に描かれた『近世職人尽絵詞《きんせいしょくにんづくしえことば》』（鍬形蕙斎）には各種のファストフードの屋台が並んでいます。その中に見られるのが「四文屋《しもんや》」。串刺しおでん、スルメ、ニシン、コンニャクなどを醤油で煮しめたものを売る「煮売り屋」です。なんでも波銭1枚で食べられる、均一料金のワンコイン屋台なので、この名称で呼ばれたのです。

# 「江戸」も食い倒れの街だった

大阪は食の都とも呼ばれ、また「くいだおれの町」といわれることもあります。この「くいだおれ」という単語には諸説あり、一説には「食い倒れ」ではなく「杭倒れ」だったというものがあります。大坂には水路・堀割《ほりわり》が多く、土手や橋梁《きょうりょう》を支持する杭の整備に大金が掛かりました。その費用を負担した大坂の町人は、莫大な費用負担で店が潰れてしまうほどだということを「杭倒れ」と表現したのだというのです。天保年間（1830〜1845）の『江戸愚俗徒《えどぐぞくつれ》然噺《づればなし》』（案本胆助）にある「京の着倒れ大坂の喰倒れということも、着物と喰物ではなく木と杭である」という文章が根拠でしょうか。しかし享保九（1724）年の『不審紙《ふしんがみ》』や天明六（1786）年の『譬喩尽《たとえづくし》』（松葉軒東井編）に「大坂の喰ひ倒れ、堺の建て倒れ」と記されていますから、「食い倒れ」が最初にあった言葉のように思えます。

さらに「江戸の食い倒れ」という言葉もあります。久須美祐雋《くすみすけとし》という幕末の大坂西町奉行が書いた『浪花《なにわ》の風』という本は、当時の大坂の風俗・文化に非常に詳しく、また江戸との対比がなされた客観的な内容です。その中にこういう一節があります。「当地も即席《そくせき》料理の店が多く、江戸と変わらない。しかしその調理風味を大雑把《おおざっぱ》に言えば、江戸は淡味を中心にして甘美であり、大坂は滋味を主として塩辛いほうである」。実際に測定すると、濃口の東京の蕎麦汁よりも薄口の大阪の汁の方が塩分濃度が高いといわれますから、御奉行様の舌は正しかったのでしょう。大坂の味が「滋味」（うまみ）重視というのもうなずけます。そしてこの後、こう続きます。「当地は富豪が多く、贅沢を極めているように思われるのだが、飲食などは江戸者のほどではない。ことわざに言う『江戸の食ひ倒れ』というものと考え合わせるべきだ」。さらに「ことわざに、京の着倒れ江戸の食ひ倒れと言うように、浪花の地も京都と同様に衣類を多く貯える風俗である」とも書かれています。

江戸育ちの久須美奉行。上方《かみがた》風味には違和感があったようで、かなりの食通である彼の文章には、「江戸者の口に合わない」という記述が多く見られます。たとえば、今も東京は蕎麦、大阪はうどん、といわれますが、同じように述べることもありました。「食物は江戸より優っているものもあるが、江戸人の口には適していないし風味が劣っているものも少なくない。とくに蕎麦は悪く、色合いも赤みを帯びて美味しくない。それにひきかえ、うどんは大いによろしい。色も雪のように白く味も甘美である。市中にうどん店は多いがどの店も美味しい。私は蕎麦好きでうどん嫌いだったが、こちらでは蕎麦の代わりにうどんを常食している」

大坂のうどんの美味しさは、食い倒れの町・江戸出身の御奉行様公認だったわけです。

# 平安のおにぎりは超巨大

おにぎりは日本の美味しいお米あってこその食べ物です。おにぎりは炊いた米を丸く固めるだけの簡単なものですから、大昔から作られていました。平安時代、おこわを丸めたものを「屯《とん》食《じき》」と呼び、儀式の折などに下級役人用の弁当として用いられ、棚にたくさん積み上げたようです。平安前期の『新儀式』には皇太子の元服《げんぷく》式に関する記事で、東西に屯食百具を立てる、とあります。

さて、屯食はどういう形状のおにぎりだったのでしょうか。江戸中期の『貞丈雑記《ていじょうざっき》』（伊勢貞丈）には「屯食とは握り飯のこと。強飯《こわいい》を握り固めて鳥の玉子のように丸く少し長くしたものである。今も公家《くげ》世界では握り飯をどんじきと言うと京都の人が語っていた。屯の字は集めるという意味なので飯を握り集めたものなのだ」とあります。

屯食は古文献に多く見られます。『宇津保《うつほ》物語』には「源中納言《ちゅうなごん》殿より檜破子《ひわりご》、ただの破子、屯食などたいへん多くある」とあります。『小右記《しょうゆうき》』（藤原実資）の寛弘二（１００５）年の記事には、親王御対面と女親王の裳着《もぎ》の日に「今日、所々で饗饌《きょうせん》・飩食《とんじき》等があった。飩食は南殿前に立てるものである」とあり、儀式のときには庭に棚を立てて、そこに飩食（屯食）を並べて食べ放題だったようなのです。屯食に似た物に「裹飯《つつみいい》」がありました。柏の葉で包んでいたことからの名称のようです。屯食は包んでいないタイプ、ということでしょうか。南北朝時代の『河海抄《かかいしょう》』（四辻善成）には「屯食」を「包み飯というものである。下級官人に給わる飯である」とあり、両者は混同されています。

『延喜式《えんぎしき》』（大炊寮）の「松尾祭料」に、1石4斗2升8合の米を「裹飯120料」にあててい

ます。ここでも「裏飯」です。それにしても驚くのは、このおにぎり1個の大きさです。1石4斗2升8合が裏飯120個としますと、1個あたり1升1合となります。平安後期に制定された「延久宣旨枡《えんきゅうせんじます》」の1升は、現在の6合くらいと推測されますので、1個あたり現在の6・6合。これはもう「おにぎり」で想像できるサイズではないです。現在のおにぎり1個はだいたい0・4合ですから、16・5個分サイズの巨大おにぎりということです。

日本人は何よりも米飯が好きでした。質素な生活を描いた『雨ニモマケズ』（宮沢賢治）でも、「一日ニ玄米四合ト味噌ト少シノ野菜ヲ食べ」とあります。旧日本陸軍の食事規定では、1回の食事につき主食として3食とも米飯2合、つまり1日に6合で、ちょうど屯食の大きさになります。いかに大量の米を食べていたかわかりますね。まさに「主食」です。

「屯食」も「裏飯」も今では使われない言葉です。しかしおにぎりには「おむすび」という別の表現もあります。これは江戸時代の御所《ごしょ》言葉で、両手を結んで作ることからの名称といわれます。

# 第四章

# 現代の常識は昔の非常識？

# 女医は奈良時代からいた

奈良時代、宮中には女医さんがいました。『続日本紀《しょくにほんぎ》』の養老六（722）年11月7日の記事に「初めて女医博士を置く」とあります。この「女医博士」は男性の医師ですが、教えた相手は女性でした。なぜ女医を置くようになったのかは明記されていませんが、当時の天皇は女帝の元正天皇でしたから、それが理由で女医が求められたのかも知れません。

女医は『養老令《ようろうりょう》』（医疾令）にも規定されている公務員です。「女医」の条には「官戸婢《かんこひ》の15歳以上25歳以下から、賢い者30人を選抜して集合教育を行う。教科は産婦人科および外傷や腫れ物の治療、針灸《しんきゅう》の方法である。毎月医博士が試験を行い、1年の最後に内薬司《ないやくし》の試験を行う。修業年限7年」とあります。女性ならではの産婦人科、そして肌に触れる外科を担当したようで、勉強の期間は7年ですから、かなり充実した医学教育といえるでしょう。採用対象が「官戸婢」という下層階級でしたから、優秀な少女たちにとっては、破格の大出世につながる進路だったのかもしれません。

平安時代を見ると、女医には面白い仕事がありました。それは白粉《おしろい》の製造です。『延喜式《えんぎしき》』

（典薬寮）には「造供御白粉料」として「糯米《もちごめ》1石5斗。粟《あわ》1石。（中略）女医14人が手分けして製造する」とあります。米の粉を原料として女医が作っていたのです。

この古代の女医は、いつの間にか歴史の彼方に消えていってしまいました。ところが、その存在が、明治になって活きてくることになるのです。近代的な医学が日本に導入され、「医術開業試験」が実施されるようになった明治十五（1882）年、受験を申請した女性・荻野吟子《おぎのぎんこ》は門前払いされます。男尊女卑の当時のこととて、医術は男子のものであり、女子が医者になることなど前例がない、というのです。

数年かけても門前払いをされ続けたのですが、吟子は『養老令』に「女医」の記載があることを知り、それを前例として申請したところ、衛生局局長・長与専斎《ながよせんさい》により受験が認可され、明治十七（1884）年、晴れて「公認女医第一号」となったのです。

荻野吟子は、夫からうつされた性病の治療で男性医師に診察される屈辱感から女医を目指したといわれます。女帝・元正天皇の時代に女医の制度ができたのも、たぶん同じような理由からなのではないかと考えられるでしょう。

# 奈良時代のキラキラネーム

奈良時代の人名は今では考えられないような古風なものが多いですが、現代でも通用するような名前も散見できます。その中でも非常に現代的な名前の持ち主は「羽栗翼《はぐりのつばさ》」でしょうか。今ではアイドルの一員のような名前の「羽栗翼」クンですが、実は奈良時代の遣唐使の一員です。『続日本紀《しょくにほんぎ》』の宝亀九（778）年の記事に「遣唐使第三船が肥前《ひぜん》国松浦郡橘浦に漂着した。前年6月に出帆した遣唐船で、副使は大神《おおみわ》朝臣末足《すえたり》、准判官は羽栗臣《おみ》翼」とあります。

『日本後紀』には羽栗翼のことが詳細に書かれています。羽栗翼の父は「吉麻呂」で、当時としてはいたって平凡な名前です。羽栗吉麻呂は阿倍仲麻呂の従者として唐に渡り、現地で唐の女性と結婚して2人の男の子を得ました、それが羽栗翼と羽栗翔《かける》の兄弟です。「つばさ&かける」、まさに現代のアイドルユニットのようです。

羽栗翼は天平六（734）年16歳のときに父とともに帰国します。見目麗しく頭も良かった翼は僧になったものの、朝廷が才能を惜しんで還俗させた、と『日本後紀』にあります。そしてその後、技術畑を歩むことになったようです。『続日本紀』の天平神護二（766）年の記事では、丹波《たんば》国で産出した金属が「白鑞《しろめ》」（ピューター）ではないかということが話題となり、翼が調査担当になっています。楊州《ようしゅう》の鋳造《ちゅうぞう》職人に見せたところ「これは鈍隠と呼ばれる偽金作りに使う金属である」と言われて残念であった、というお話です。また天応元（781）年の記事では、翼は従五位下に叙されて貴族階級の一員になっており、天皇の特命を受けて難波《なにわ》（大阪市）で「朴消《ぼくしょう》」つまり硫酸マグネシウムを製造しています。『神農本草経《しんのうほんぞうきょう》』（後漢）によれば「朴消」は百病に効果のある薬とされていました。

そして延暦五（786）年、ついに桓武天皇の侍医にまで昇ります。亡くなったのは延暦十七（798）年、79歳の高齢でした。

# 昔の人は思ったよりも長生き

昔も長寿の人は案外多くいました。『公卿補任《くぎょうぶにん》』から、奈良から平安中期、藤原実資《さねすけ》の頃までに亡くなった公卿の年齢を調べてみますと、満年齢80歳以上で以下の通りです。

天平宝字四年（７６０）前中納言　多治比真人廣足　80
仁和三年（８８７）大納言　藤原冬緒　80
天禄三年（９７２）大納言　橘好古　80
承保二年（１０７５）関白　藤原教通　80
延暦八年（７８９）非参議　高麗福信　81
延喜八年（９０８）大納言　藤原国経　81
宝亀六年（７７５）前右大臣　吉備真吉備　82
延暦二十三年（８０４）非参議　坂上田村麻呂　82
治暦三年（１０６７）大納言　藤原資平　82

宝亀八年（７７７）非参議　大伴古慈斐　83
寛平二年（８９０）前大納言　藤原冬雄　83
天平勝宝五年（７５３）大納言　巨勢朝臣奈弖麿　84
延暦八年（７８９）参議　多治比長野　84
承和十四年（８４７）前参議　藤原綱継　85
安和元年（９６８）前参議　小野好古　85
寛弘六年（１００９）前参議　菅原輔正　85
長暦二年（１０３８）非参議　大中臣輔親　85
嘉祥三年（８５０）参議　源明　86

寛仁四年（1020）前大納言　藤原懐忠　86　　天暦八年（954）散位・前参議　伴保平　88
延暦七年（788）前右大臣　大中臣清麿　87　　永承元年（1046）右大臣　藤原実資　90
貞観八年（866）非参議　橘永名　87

成人まで達し、感染症にも罹《かか》らなければ、昔の人も現代とあまり変わらないほど長生きなのです。しかし入れ歯も老眼鏡もなかった奈良・平安時代の老人たちは、さぞ不自由であったことでしょう。『日本紀略』や『今鏡』には、「尚歯会《しょうしかい》」（歯を尊ぶ会）という長寿の集いを開催したという記事も残っています。歯イコール齢《よわい》なのです。

史上有名な長寿の人は「北山准后《じゅごう》」藤原貞子（1196〜1302）で、107歳。これは間違いのない数字です。彼女の祖母は、平清盛の娘・建礼門院《けんれいもんいん》徳子の妹でした。つまり貞子は平清盛の曾孫。彼女は、激動の鎌倉時代をまるまる生きた、といってよいでしょう。後深草天皇の祖母ですから、今の皇統につながる人物の一人です。『増鏡』（中）に貞子90歳のお祝い会のことが詳細に記されています。そこには「大宮院・東二条院の御母なので両院の御祖母、太政《だいじょう》大臣《だいじん》の北の方であり、天下の人は皆、この人に関係ない人はいない。たいへん素晴らしいことである」と記されています。

# 古代人が勘違いしていた「サイ」

巨大な動物であるサイは動物園でも人気者です。世界には現在、アフリカ大陸のシロサイ・クロサイ、インドのインドサイ、マレーシアやインドネシアのジャワサイ・スマトラサイが棲息していますが、いずれも絶滅の危機にあります。それは人間の乱獲のせいです。サイが乱獲されるのは、その角が薬になると信じられていたためです。

平安時代、魔除けとして室内に飾られたもののひとつに「犀角《さいかく》」があります。平安末期の『類《るい》聚雑要抄《じゅうぞうようしょう》』には「犀角2本を御帳《みちょう》の隅に掛ける。犀角の長さ2寸5分、口径3寸5分」とあります。しかし日本で本物のサイの角を入手するのは非常に困難であったので、当時使われていたのはイミテーションだったようです。「榎《えのき》で造り、黒く焼いて磨いて光らせる」とありますから木製でした。けれども続けて読みますと、永久六（1118）年、藤原璋子《しょうし》（待賢門院《たいけんもんいん》）が鳥《と》羽《ば》天皇の中宮に立后《りっこう》する儀式のときは「実犀角」を使ったとあります。璋子の父代わりである白河上皇が、「治天《ちてん》の君」の絶対的権力で入手したのでしょうか。当時は宋の商人がたびたび来日していましたから。

しかし辛うじて角《つの》は見ることができても、生きているサイは見られるはずもありません。中国の文献からの推測になってしまいます。古代中国では、よろい兜《かぶと》にサイの革を使っていたようです。『呉越春秋《ごえつしゅんじゅう》』（趙曄）には「越王の兵『水犀甲』を着る者13万人」とあり、『荀子《じゅんし》』（議兵）には「楚人は鮫《さめ》や犀、兕《じ》（諸説あるが雌のサイか）の革を甲とする。堅さは金石の如く、軽いのに鉄矛《てつほこ》を通さない」とあります。

また「山犀と水犀の2種ある。水犀の皮には珠甲があり、山犀にはない」というような記述もあり、「水犀には甲羅《こうら》がある」イメージが作られました。実際にインドサイの表皮は

よろいのように固いものです。

『類聚雑要抄』には調度品として「犀の形の鎮子《ちんす》4頭」とあります。「鎮子」というのは一種の重石《おもし》です。東京国立博物館所蔵の「飛香舎《ひぎょうしゃ》の調度」に、この「犀形鎮子」の再現品がありますが、これは現代のサイのイメージとはまったく異なるもので、麒麟《きりん》のような細身の獣の頭に細い角を付け、背中に亀のような甲羅を背負ったデザインです。京都・北野天満宮の三光門の「蟇股《かえるまた》」には様々な霊獣の彫刻が施されていますが、そこに「水犀」の彫刻もあります。これもまた同じような、角のある麒麟の背に甲羅を乗せたデザインで、これがサイであることに気がつく人は少ないようです。

文字だけの情報で描いたものに、実物との大きな乖離《かいり》が見られる例は非常に多いのです。

# 光源氏も平清盛もマラリアだった

平安時代、地球は「中世温暖期」と呼ばれる高温の時代だったといわれます。屋久島の杉の年輪などの調査から、平安時代の日本の平均気温は今より3度ほど高かったともいわれています。そうしたことから、今では赤道直下あたりで発生する病気が当時の日本では流行していたのではないか、という説があります。

『源氏物語』（若紫）で光源氏が初めて若紫に出会うのは、旧暦の3月末。光源氏は「瘧病《わらはやみ》」の転地療養のために涼しい北山に赴《おもむ》き、そこで若紫を垣間見ることになるのです。この「瘧病」は平安中期の『和名類聚抄《わみょうるいじゅしょう》』（源順）には「瘧病　俗にエヤミ、あるいはワラワヤミと言う。2日に一度、悪寒と発熱が両方起こる病である」とあります。「瘧」は「おこり」とも読みますが、これは時に起こり時に止むという意味で、波状的な発熱を示しています。これは現在でいう「三日熱マラリア」と同じ症状であるため、瘧病はマラリアのことだとするのが定説です。

マラリアはマラリア蚊が媒介する病気ですから、蚊が飛び交う季節でなければおかしいということになりますが、旧暦3月末です。光源氏は前年の夏に感染し、無症候性キャリアになっていて春に発症したということでしょうか。

文献では、「瘧病」は6～7月（新暦で7、8月）が流行のピークのようです。『明月記』（藤原定家）の治承四（1180）年7月17日の記事には、「家中の上下の者、青侍《あおさむらい》、女房等が同時に瘧病を発して全員が寝込んでいる。病悩は非常に恐怖である」とあります。こうした恐ろしい病気が、高温の平安京を襲っていたのでしょう。

平安末期、権勢を極めた平清盛は高熱の病で死亡します。『明月記』には「臨終は動熱悶絶」という街の噂話を記し、『平家物語』には「清盛入道は発病の日から水を飲むこともできない。身体の熱いことは火を燃やすようである。水風呂に入るとたちまち湯になった」とあります。身体中が朱を塗ったように真っ赤であったということから、この病気は猩紅熱《しょうこうねつ》（溶連菌感染症）ではないかという説が有力ですが、マラリアだったのではないかという説もあります。日宋貿易に熱心であった清盛らしいといえばそうですが、発症は閏《うるう》2月のことで新暦では3月でまだ蚊は飛んでいません。やはり無症候性キャリアだったのでしょうか。

# イヌが安産の象徴になったわけ

安産を願い、戌《いぬ》の日に神社にお参りをして授与された腹帯《はらおび》を巻く、という風習があります。なぜ安産祈願が「戌の日」なのでしょうか。その発祥となったのではないかと考えられるのは、貴族たちが用いた「犬筥《いぬばこ》」です。なんとも奇妙な「人面犬」のような人形なのですが、これは公家《くげ》社会で安産祈願や子どもの成長を願う縁起物とされ、江戸後期、民間における「犬張り子」の原型になったものです。この犬筥も張り子細工でできています。犬筥は、「御伽犬《おとぎいぬ》」「宿直犬《とのいいぬ》」など、様々な呼び名があります。いかにも平安時代からの風習のように思えますが、室町時代頃に生まれたのではないかと考えられています。

よく「犬はお産が軽く多産、子犬の育ちも良いので、犬は安産のお守り」といわれることがありますね。しかし野生動物の多くは安産で、何も犬に限った話ではありません。身近なところでは猫もそうですし、多産といったらネズミなどは「ネズミ算」という言葉があるほどの多産です。

しかも平安時代、犬のお産は「穢《けが》れ」の一種とさえ認識されていたのです。『吏部王記《りほうおうき》』（重

明親王）には天慶六（943）年のこととして、「太政官《だいじょうかん》の右少弁《うしょうべん》の部屋で犬がお産をしてしまい、内裏《だいり》が穢れたので神事を停止する」とあります。それなのになぜ犬が安産のお守りなのか。それは、この「犬筥」を産室に置く風習が先にあって、そこから逆に「犬は安産」伝説が生まれたとも考えられます。

ではどうして産室に犬筥を置いたかですが、これは寝台である「御帳《みちょう》」の前に置かれた「獅子《しし》・狛犬《こまいぬ》」をかたどった魔除けではないかと推測できます。しかし狛犬の顔がこわいので、子ども向きに可愛い顔に描き換えたのが犬筥、ということでしょうか。

獅子や狛犬が左右で異なるように、犬筥にも左右で別の意味があり、左右は雄雌の対です。向かって右側が雄犬で箱の中に安産の御札を収めます。向かって左側が雌犬で白粉《おしろい》などの化粧道具を入れました。そして江戸前期から、犬筥は安産祈願と関係なく、雛祭りの際にも飾られていました。

江戸前期の『雛遊乃記《ひいなあそびのき》・貝合乃記《かいあわせのき》』（度会直方）には、「雛の調度は数々あるが、その中に犬張子という物がある。これは神代の時代からのもので、悪魔を退け災異を祓《はら》うおまじないである。その発祥は、隼人《はやと》族が吠える犬の真似をして皇居を警備したことによる。今の犬張子はこれに由来して『拒魔犬《こまいぬ》』として雛調度の中の第一の物とする」と、なかなか強引な説が載っています。江戸時代の人ならではの言葉遊びでしょう。

民間の「犬張り子」は竹籠を背負っています。これは漢字に基づく判じ物で、犬の上に竹を乗せると「笑」になる、そして「笑う門には福来たる」という、いかにも江戸っ子的なギャグなのです。

# 神聖なる「腐った木」文様

（朽木形）

神社で仕切りのスクリーンのように垂れている布「壁《かべ》代《しろ》」。あるいは絵巻物で見る移動式スクリーン「几帳《きちょう》」などに描かれる不思議な文様があります。細胞内の「ゴルジ体」のような不定形で妖しげな文様ですが、これは「朽《くち》木形《きがた》」と呼ばれる文様です。

朽木というのは文字どおり朽ち果てて腐った木のことです。現代人の目で見ますとなんとも小汚いものですが、私たちの祖先の目からは、これこそ「神の造形」に映ったのでしょうか。平安時代から「いとをかし」と好まれました。『紫式部日記』には「今宵は表朽木形の几帳」とありますし、『栄花物語』の万寿二（1025）年正月の記事には「御几帳は皆、朽木形が非常に青っぽく美しい。この春には埋もれ木もないように見える」とあります。朽木形は「落葉樹が葉を落とした姿」説もありますが、『栄花物語』に「埋木」とありますので、やはり「腐った木」の形なのでしょう。

ここからは想像を含めた話なのですが、染料も染色技術も乏しいいにしえの時代、私たちの祖先は「自然」を心から畏《おそ》れ、また愛する日々を送っていました。人の手の入っていないもの、自然のままであるものこそ尊い、そういう素朴な感情を持っていた祖先たちは、樹木が倒れ、自然のままに朽ち果てんとする姿を見て、「もののあわれ」を感じたのでしょうか。

その姿を留めたい、そう思った彼らは布を朽木に押し当てて、彼らの持つ数少ない染料、山《やま》藍《あい》の葉を摺《す》りつけて朽木形の文様を写しとりました。

葉緑素のグリーンは、儚《はかな》いものです。わずかな時間で茶色く変化してしまいます。その儚い移ろいをも、祖先たちは自然のことと喜び、それもまたよしと受け入れました。時が移ろうからこそ一瞬一瞬が愛おしい。そんな感情もあったかもしれません。朽木形文様に、グリーンやブラウンが多く用いられる理由は、そういうことなのではないかと思います。

# 匂い＝嗅覚、ではなかった

最近は匂いに関するマナーもうるさく、「スメルハラスメント」などという言葉もあるほど。「匂い」と書くか「臭い」と書くかでイメージがだいぶ変わりますが、本来の「におい」という大和《やまと》言葉は、鼻で嗅ぐ臭気という意味だけでなく、もっと広い意味の言葉でした。「にほう」は「丹秀ふ」のことで、「色鮮やか」というような意味であったようです。つまり嗅覚ではなく視覚の表現です。ゲーテの詩『野中の薔薇《ばら》』を近藤朔風《さくふう》が訳した「清らに咲ける、その色愛でつ、飽かずながむ。紅におう、野なかの薔薇」の「紅におう」が視覚としての「におう」の代表例。学校の校歌などによく見られる「紫匂う」も同じことです。

やがて「そのものが持つ雰囲気やおもむき」というような意味も持ち、「内面からにじみ出る、湧き立つような美」を表現する言葉となります。今も「匂い立つような美しさ」という表現に残っています。『源氏物語』でも「澪標《みおつくし》」の帖には「女君、顔はいと赤く匂ひて」、「松風」には「（微笑んだ顔の何げない表情が）愛敬《あいきょう》づき匂ひたる」、「若菜上」には「かたちも盛りに匂ひて」など、内面の美が表に湧き立っている表現で多く用いられています。

とはいえ「匂宮《におうみや》」の帖には「匂う兵部卿《ひょうぶきょう》、薫る中将」という言葉が登場し、「薫」に対する「匂」でわかるように、嗅覚表現としても普通に用いられています。確かに嗅覚の「よい匂い」というのも「内面からそこはかとなく漂う美」ですから。

装束の美の表現としても「匂い」があります。『枕草子』には「女房の装束の匂いあった様子が、豪華な織物の色々の唐衣などよりも、なまめかしく興が深い」と記されています。また『源氏物語』（玉鬘《たまかずら》）の「衣配り」場面でも、「世になき色あひ、匂ひを染めつけ」とあります。本来の「丹秀ふ」が「色鮮やか」の意味であったのに対して、平安中期には、色彩表現としての「匂」は「グラデーション」とほぼイコールの意味となります。

平安末期の『満佐須計装束抄《まさすけしょうぞくしょう》』（源雅亮）には、「女房装束」いわゆる十二単《じゅうにひとえ》の中間着「五衣《いつつぎぬ》」と「単」の重ね着コーディネートの数々を紹介しています。たとえば

蘇芳《すおう》の匂。上は薄くて下様に濃く匂ひて。青き単。

紅の匂。上紅匂いて下へ薄く匂ひて。紅梅の単。

などで、ここでの「匂いて」は同系色の「グラデーション」のことです。平安後期の『安元御賀記《あんげんおがのき》』（藤原隆房）には「裳《も》の濃蘇芳の匂ひの打ちたる打衣《うちぎぬ》、山吹の匂ひ衣、紫の匂ひ単」など見事に「匂ひ」が並んでいます。この中間色やグラデーション「匂ひ」を愛する日本人の美意識は、今も連綿と受け継がれているようです。

# 扇は日本の発明品だった

バブル景気華やかな時代、ディスコで踊る女性たちの多くが羽根飾りのついた扇を持っていました。マリー・アントワネットに代表される貴婦人の持ち物に倣《なら》ったものでしょう。このヨーロッパの貴婦人たちが持っていた、ダチョウの羽根飾りのついた扇の原型は、中国から輸入されたものです。しかし扇は中国発祥ではなく、実は日本で発明されて中国に伝わったものなのです。中国には団扇《うちわ》はありましたが、折り畳み形式の扇は存在していませんでした。

紙が貴重な時代、日本では木を薄く削った「木簡《もっかん》」に文字を書いて記しました。これを綴《つづ》って携帯しやすくしたものが「檜扇《ひおうぎ》」の発祥で、平城宮跡などの奈良時代の遺跡から数多く発掘されています。それらメモ帳だったものがいつしか役人の権威を示す服飾小物になっていったのでしょうか。平安時代以降現代まで、装束姿に檜扇は欠かせないものとなっています。

こうして生まれたのが檜扇ですから、暑いときに扇ぐためのものではありませんでした。そこで檜扇の機能性を発展させて夏に冷却用に使うための扇が考案されました。それが現代の扇につながる「蝙蝠《かわほり》」で、竹の骨に紙を張ったものです。なぜ「蝙蝠（コウモリ）」などと呼ぶか

というと、南北朝時代の『河海《かかい》抄《しょう》』(四辻善成)には「コウモリの羽を見て扇を作ったので名称とした」とあります。ただし「紙張り」が変化したという説も強く、コウモリの古語「かわほり」も「皮張り」とされますので、本当のところは謎です。

室町後期の『桃《とう》花《か》蘂葉《ずいよう》』(一条兼良)には「束帯《そくたい》のときは夏も檜扇を持つ。衣冠《いかん》や直衣《のうし》などのとき、非常に暑い場合は蝙蝠でも問題ないが、老人は檜扇を持つ。最近は夏冬問わずいつも蝙蝠を持つ者もあるが、「よろしくない」」とあり、蝙蝠の普及が見て取れます。

こうして日本で生まれた折り畳みできる扇には美しい絵が描かれ、それが中国に輸出されて人気を博し、さらに美麗になってヨーロッパに伝わって貴族の婦人たちに愛され、またバブル時代の日本に戻って来たというのも面白い話です。

# 皇室の象徴が「菊」になった理由

菊花紋はいうまでもなく皇室の御紋章ですが、どうして菊花紋なのでしょうか。よく知られるように、鎌倉初期の後鳥羽《ごとば》上皇が菊を愛し、自らの手元の品などに菊花紋を描いたことが発祥です。しかしそれはあくまでも後鳥羽上皇個人の趣味に過ぎません。それが従来の桐竹紋をおしのけて「皇室の紋章」にまでなったのはなぜなのでしょうか。

鎌倉幕府は承久《じょうきゅう》の変を引き起こした後鳥羽上皇を憎み、その子孫に皇位を継がせない方針でした。しかし非後鳥羽系の四条天皇が10歳で事故死してしまったため、しぶしぶ後鳥羽上皇の孫（土御門《つちみかど》天皇の子）である後嵯峨《ごさが》天皇を即位させたのです。

公家《くげ》たちは同じ後鳥羽上皇の孫でも、順徳天皇の子である忠成王《ただなりおう》を即位させたかったのですが、順徳天皇は承久の変に深く関わっていたために幕府がOKを出さず、中立的立場であった土御門天皇の子を即位させたのです。つまり後嵯峨天皇は、朝廷・公家社会の中で微妙な立場にあったのです。後嵯峨天皇は寛元四（1246）年1月、久仁親王（後深草天皇）に譲位し、上皇となりました。

後嵯峨上皇の院司《いんし》として重用された葉室定嗣《はむろさだつぐ》の日記『葉黄記《ようこうき》』の、寛元四年3月の記事にこうあります。「後嵯峨上皇の御牛車の文様は後鳥羽院の例に従うこととする。牛車の袖に、菊一本の中に菊八葉を描いたものである。後鳥羽上皇は菊の文様をよくお使いであった。中国の前漢が滅びた後、後漢の光武帝《こうぶてい》は前漢の礼法を再興した。後鳥羽院の御車文を用いることは、この例に倣《なら》うものである」と。つまり、菊を愛した後鳥羽上皇の正統後継者であることを示すために菊花紋を用いることは、光武帝が前漢の礼法を再興することによって、後漢が「漢王朝の再興」であり、光武帝が正統なる後継者であることを示した故事《こじ》に倣うものである、と。色々と批判もあったようでしたが、それは迎え入れられました。

朝廷・公家社会にとって、幕府と対峙した後鳥羽上皇の正統な後継者であることは重要な意味を持ちました。そこで菊花紋を用いることにより、「我こそが後鳥羽系正統である」ことを内外に示した、ということなのです。

後嵯峨天皇の後、皇統は後深草天皇（持明院統）、その弟の亀山天皇（大覚寺統）へと受け継がれ、その両統が皇位を競い合うようになります。そしてそれぞれが正統を象徴するものとして菊花紋を用いました。こうして菊花紋は皇室の御紋章と認識されるようになったわけです。

# 天皇が作った「クイズ集」

日本人は昔からクイズが大好きです。単なる知識比べだけでなくウイットに富んだ判じ物のような言葉遊びも好まれ、子どもの頃から「なぞなぞ」を楽しんでいます。

「なぞなぞ」という言葉は古くからありました。『枕草子』には「なぞなぞ合《あわせ》しける」とあって、左右のチームに分かれてなぞなぞを出題し合う「合わせもの」の一種だったようです。また『徒然草』にも「大覚寺殿にて近習《きんじゅう》の人ども、なぞなぞを作りて解かれける」とあります。出題したチームが相手方に「これ何ぞ何ぞ！」と囃《はや》したことによる名称のようです。

『後《ご》奈《な》良《ら》天皇《てんのう》御《ぎょ》撰《せん》何《な》曽《ぞ》』という文献があります。「何曽」は「なぞ」で、つまりは「なぞなぞ集」のこと。後奈良天皇（1497〜1557）の時代、朝廷は衰微を極め、天皇自身が宸筆《しんぴつ》の

書を販売して糊口《ここう》をしのいでいた、というほどの状態でした。しかし後奈良天皇は、経済的困窮の中でも心の余裕を失わない人だったようで、なぞなぞを作って楽しむような「お金をかけずに生活を豊かにする」ことを大切にされていました。

『後奈良天皇御撰何曽』の内容は、たとえば

「十里の道を今朝かへる」……これ何ぞ何ぞ？

答えは「にごり酒」。十＝二五（にご）と里（り）で「にごり」、今朝（けさ）がひっくり返って「さけ」。ちょっとひねったなぞなぞです。

「宇佐も神　熊野も同じ神なれば　伊勢住吉も同じかみがみ」……これ何ぞ何ぞ？

答えは「うぐいす」。「うさ」「くまの」「いせ」「すみよし」の「上々（かみがみ）」つまり頭文字をつなぐと「うくいす」、で「うぐいす」。かなり凝っています。

「露霜をきて萩のはぞ散」……これ何ぞ何ぞ？

答えは「月」。「露《つゆ》」の下（しも）を置いて「つ」、「萩《はぎ》」の「は」を散らして「き」。

「嵐は山を去て軒の辺にあり」……これ何ぞ何ぞ？

答えは「風車」。「嵐」から山を取り去ると風、「軒」の偏は車ですから風車。漢字を分解して、元の字を当てるといった内容も多々あります。

「廿人（にじゅうにん）木にのぼる」……これ何ぞ何ぞ？

答えは「茶」。漢字を分解してください。

# 大臣は親王より偉かった

近代以降は皇族の「親王」は臣下よりも一段上の立場とされ、現代の皇族についてもそうした意識が存在していますが、実は江戸時代までの親王は、臣下の大臣よりも下位に位置づけられていました。大臣というのは現代のイメージよりも遙かに偉い、特別な立場だったのです。

明治天皇の曾祖父にあたる光格天皇（1771～1840）は、傍流の「閑院宮《かんいんのみや》家」から後桃園天皇の養子という形で皇室に入ったため、その実父は閑院宮典仁《すけひと》親王。天皇ではありませんでした。即位した光格天皇は、実父・典仁親王の宮中での席次が大臣より低いことに悩みました。これは江戸初期に定められた『禁中並《きんちゅうならびに》公家《くげ》中諸法度《ちゅうしょはっと》』（1615年）において「三公之下親王」と定められたことによるもので、その根拠を奈良時代に置きました。つまり右大臣・藤原不比等《ふひと》が、舎人《とねり》親王よりも上席にあったことを根拠としていたのです。『禁中並公家中諸法度』は有職故実《ゆうそくこじつ》の研究を十分した上でのものでしたので、公家も抵抗しにくかったのです。

親孝行な光格天皇は父が大臣の下座にある状況を改善したいと、典仁親王に「太上《だいじょう》天皇」の尊号《そんごう》を贈ろうとしました。しかし幕府の老中・松平定信などに反対され、贈ることはできませんでした。松平定信には、光格天皇の申し入れを断りたい事情があったのです。

まったく同時期に、十一代将軍・家斉《いえなり》が、実父・一橋治済《ひとつばしはるさだ》に対して「大御所《おおごしょ》」の尊号を贈ろうとしていました。一橋治済は松平定信の政敵であり、定信は治済の大御所就任を阻止したかったのです。それで同じような事情の典仁親王の上皇就任も拒否せざるを得なかったのでしょう。

これが寛政元（1789）年の、世にいう「尊号一件」です。明治になって、何の障害もなくなったため、典仁親王には「太上天皇」の尊号が贈られ、「慶光《きょうこう》天皇」と称せられるようになったのです。ただしこれは名誉称号ですので歴代天皇には加えません。

この「尊号一件」に関連し、勤王《きんのう》家の高山彦九郎が弾圧されました。彦九郎は寛政三（1791）年、瑞祥《ずいしょう》の亀（緑毛亀）を光格天皇に奉献し、拝謁《はいえつ》を賜りました。彼は感激し、光格天皇に心酔します。京都に来るたびに京の入り口・三条大橋で御所に向かって膝をつき「望拝」していたといわれます。その姿は人々の感動を呼び、江戸後期の歌人・橘《たちばな》曙覧《あけみ》は和歌を詠みました。

大御門《おおみかど》その方向きて橋の上に
頂根突きけむ真心たふと

その姿は三条大橋のたもとの銅像で、今も偲ぶことができます。

## 女性のほうがノリノリだった断髪《だんぱつ》

日本人は天武天皇の時代に髪を伸ばして結《ゆ》うことが定められていました。『日本書紀』によると天武天皇十一（682）年に「今から以後は、男女ことごとく髪を結え」という命令が出ています。その後様々な変遷はありましたが、一貫して長髪結髪が日本人の髪型でした。

しかし明治維新の後、風俗を西欧に合わせる「文明開化」の時代にこれではいけないと、いわゆる「断髪令」が出されました。明治四（1871）年8月9日、『太政官布告《だじょうかんふこく》第三百九十九』の「散髪・制服・略服・脱刀《だっとう》は随意に任せ、礼服の際は帯刀《たいとう》する」という命令です。しかし「随意に任せ」であって、決して強制ではありませんでした。当初は丁髷《ちょんまげ》を切るのを嫌がる人々も多かったので、後年まで（特に高齢者は）丁髷のままであったようです。1200年続いた伝統を変えるのは容易ではなかったのです。

明治天皇は、自らお手本になろうと、明治六（1873）年の3月20日、断髪されました。この日の朝、いつものように御髪を結い上げて執務室である「御学問所《おがくもんじょ》」に出御された天皇でしたが、お帰りのときにはすっかり散髪なさっていたので、女官たちが大いに驚いたそうです。

明治天皇の断髪は、理髪師・河名浪吉の手で行われましたが、民間人が天皇の理髪を行ったのは、実はこのとき一度だけ。それ以降は、侍従《じじゅう》の役目とされました（昭和天皇の皇太子時代に理髪師が復活しています）。明治天皇はさっそく洋装断髪姿の写真を撮影し、全国に頒布。これにより人々の断髪が急速に進んだそうです。『東京開化繁昌誌《とうきょうかいかはんじょうし》』（1874年6月）には「天皇陛下がすでに断髪されたのだから、日本中隅から隅まで断髪しないわけがない。まして大臣大将以下の役人は当然のことである。そのほか士農工商の区別なく、皆断髪しない者はない」と書かれています。

江戸時代、武家や庶民の男性は「月代《さかやき》」といって頭頂を剃り、残ったサイドから後頭部の髪で髷を結っていました。その少ない量の髪で結いますから、なかなか時代劇のような太い髷にはなりません。もしもこの状態で断髪をしたとすればサザエさんの「波平」頭になってしまいます。それは誰しもやはり嫌でしょう。明治になって断髪が比較的スムーズに進んだのは、波平頭にならないための過渡期があったからです。「文久の改革」（1862年）での諸事簡便化による月代勝手（自由）制です。

月代は少し手入れを怠れば見苦しくなりますから、毎朝の手入れが必要です。その面倒さは、毎朝ひげを剃る男性ならばご存じのとおりです。さらに鏡を使っても見えにくい頭頂も剃るのですから絶対に面倒な作業です。諸事簡便化の時代に真っ先に廃止対象となるのも当然でした。皆「これ幸い」とばかりに月代をやめてしまいました。幕末期には、多くの武士たちが月代をしない「総髪《そうはつ》」の丁髷姿で写真に収まっています。月代を剃らない総髪頭ならば、丁髷を切った「散切頭《ざんぎりあたま》」にもしやすかったでしょう。公家《くげ》はもともと総髪でしたから、断髪は簡単でした。

丁髷頭を叩いてみれば、因循姑息《いんじゅんこそく》の音がする
総髪頭を叩いてみれば、王政復古の音がする
散切頭を叩いてみれば、文明開化の音がする

という俗謡は、髪型の流れを見事に表現しています。

一方、当初尻込みをしていた男たちを尻目に、女子たちはバッサバッサと断髪をし始めました。日本髪を結っていた女子は髪を洗うのも面倒で、結い上げるのも一苦労。断髪だったら楽ちんと、女子が断髪に走ったわけです。しかし当時としてはこれを奇異なものとして見る方が大勢を占めておりました。明治五（1872）年3月の『新聞雑誌』には「近頃東京では女子で断髪する者がいる。我が国の古い風俗でもなく西洋文化諸国にも見られないもので、その醜態は見るに忍びない。女子は従順温和の心が大切で、髪を長くして飾りを用いることこそ万国共通の風俗である。どういう主旨なのかあたら黒髪を切り捨てて、これが文明開化の姿とかすました顔をしているのは、実に片腹いたい所業である」と厳しい言葉が並びます。

こうした状況を受けて東京府は太政官にお伺いを立てます。「散髪は勝手次第という布告がありました。これは男子に限ったものと思いましたが、近ごろ婦女子の中にも『ザンギリ』をす

る者を往々にして見かけます。そもそも婦人女子の衣服や髪型は男子とは区別あるもので、海外でも区分判然としています。人々が勘違いしているようなので改めて布告しようと思いますが、一応、お伺い申し上げます」。これに対して太政官は「伺いの通りである」と回答し、明治五年4月5日、東京府は女子の断髪禁止令を布達したのです。

　明治初年の女学生の写真には、なるほど散切頭の女子が写っています。当時の新聞に「また洋学女学生は帯の上に男子の用いる袴《はかま》を着用し、下駄《げた》をはいて腕まくりなどして歩いているものもいる。女学生であっても男子の服を着て粋がっているのは女学の根本を失ったものであり、文明開化の弊害である」とあります。江戸から明治の日本女子は、意外にも骨太の精神を持っていたようです。

# 日本でクリスマスよりイブが盛り上がる理由

12月25日は大正天皇が崩御《ほうぎょ》された日です。日本でクリスマス・イブに大騒ぎする習慣が普及したのは、このためともいわれます。戦前、「先帝祭《せんていさい》」（前の天皇の命日）は休日と定められていたため、昭和の戦前期は12月25日が休日でした。翌日が休日ならば前夜は深酒して大騒ぎできますね。そこで24日のクリスマス・イブに派手にクリスマスパーティーを行うことになった、というのです。

そもそもクリスマス（キリストの誕生日）はなぜ12月25日なのか。現在の新暦の大本となるユリウス暦制定のころ、ローマで盛んであった「ミトラ教」によれば、太陽の神ミトラが冬至の日に死に、その3日後に復活することになっていたそうです。そのミトラ復活の日である12月25日がローマ最大の祭りでした。その後キリスト教が勢力を増し、ミトラ教の祭日はキリスト教の祭日、つまりキリスト生誕の日として受け継がれたのです。西暦325年のニケア公会議で12月25日が正式にクリスマスと決定しました。そして12月25日に8日を加算した日をキリスト割礼《かつれい》の日とし、この日を1月1日に採用したのです。つまり新暦の正月は、冬至から太陽が復活する「一陽来復《いちようらいふく》」のお祝いが発祥です。

日本でも、古くから一陽来復の日として冬至は大切にされ、この日、人々は大いに楽しみました。『続日本紀《しょくにほんぎ》』には、神亀二（725）年の冬至に親王や侍臣《じしん》が山海の珍味、ご馳走を用意して、文武百官、諸司長官や大学の博士たちが飲めや歌えの大騒ぎ、「終日極楽」とあります。江戸時代の本『日本歳時記《にほんさいじき》』（貝原好古）では「陽気が最初に生じるときなので労働すべからず。安静にして微陽を養いなさい」と、休息すべき日としています。

時は経ち、日本でクリスマスを楽しむようになったのは明治後期から。クリスマスツリーが登場したのは明治三十七（1904）年の「明治屋」。デコレーションケーキをはじめて発売したのは「不二家《ふじや》」で、明治四十三（1910）年のことでした。そして大正を迎えます。

大正という時代は、明治と昭和に挟まれたエアポケットのような時代で、「大正デモクラシー」という言葉で代表される、自由闊達《かったつ》な社会と文化が花開いた時期でもありました。

しかし大正時代は長く続きませんでした。大正天皇は病弱で、47歳で崩御されたのです。ご病弱に関連して、よく「遠めがね事件」が語られます。大正天皇が帝国議会の開院式で詔書《しょうしょ》を読まれた後、その勅書《ちょくしょ》をくるくると丸めて、遠めがねのようにして議員席を見渡した、というのです。それが脳の障害を象徴していると喧伝されたのですが、当時の侍従《じじゅう》・黒田長敬《ながあつ》の証言によれば、手先が不自由であった天皇が、きちんと巻けたか覗いて確認しただけ、ともいわれます。案外、そんなところなのでしょう。

# 衣食住、なぜ衣が先？

「衣食住」という言葉で「衣」が最初に来るのは、語呂が良いからでしょうか、あるいは意味があるのでしょうか。生命体としての人間が生存するためには「食」が第一になるのは当然のこと。食べなければ即、死にます。しかしなぜ「衣」が先に来るのか。これは人間が獣でないことを示すのが「衣」であり、古代の中国で「衣食」という表現が定着したからではないでしょうか。

古代中国の『孟子《もうし》』には、「堯・舜《ぎょうしゅん》が没し、聖人の道が衰えた。政治が悪くなると民衆は『衣食』を得ることができない」とあります。中国の文献においては、同じような記述が星の数ほど見られるのです。最も有名なのが『管子《かんし》』の「倉廩《そうりん》満ちて即ち礼節を知り、衣食足りて即ち栄辱を知る」で、これを一般化させた言葉が「衣食足りて礼節を知る」です。生活が豊かになれば道徳心が生まれ、礼儀を知るようになる、という意味です。このように「衣食」という言葉は人間が人間らしく生きるために必要なもの、とされたわけですね。

中国文化をそのまま導入した日本でも、「衣食」という言葉は当たり前のものとして用いられます。『小右記《しょうゆうき》』（藤原実資）の寛仁三（1019）年の記事には、高麗《こうらい》国からの使者への対応をはかる会議で「国の強弱を量るには、衣食の充実度を知るべし」とあります。

「衣食」に「住」が加わったのは、いつの頃からかわかりません。古い文書には見られず、江戸中期、享保年間（1716～1736）頃から見られるようになります。江戸中期の『政談』（荻生徂徠）には、「昔の武家が皆、自分の知行所《ちぎょうしょ》に居住していたときは、衣食住ともに安心していた」とあります。

「食」と異なり、なくても死なない「衣」。しかし、人が人であることの象徴が衣類です。衣服を見て美しいと思う感覚は、人間らしい感情として大切にしたいと思います。孟子の画像を見ると、非常にきれいで清潔な服装をしています。もちろん後世の肖像画ですが、紀元前300年頃にこういう「衣」生活をしていた中国は、当時世界最高水準の文化と礼節を持っていたことを表しているといえるでしょう。

## 喪服《もふく》の色の大誤解

現在、喪服の色といえば黒をイメージしますが、これは西洋から入った近代の考え方によるもの。『日本書紀』を見ますと日本の古代の喪服の色は白でした。『隋書《ずいしょ》』（東夷伝・倭国条）にも倭国《わこく》では葬式に際して妻子兄弟は白布（麻）で服を作る、とあります。それが奈良時代の律《りつ》令《りょう》（喪葬令）の定めで黒・グレー系の色になりました。これによれば天皇が親の喪に服すときは「錫紵《しゃくじょ》」を着る、とされます。この「錫紵」について、律令の公式解説書『令義解《りょうのぎげ》』には、錫紵は浅墨染の麻布、つまりグレーとしているのです。ところがこれがたいへんな誤解によるものだったのです。

古代中国の『周礼《しゅらい》』には、喪服として「錫衰《しゃくさい》」を用いるとあります。このルールは後代まで受け継がれ、『唐書』でも、「皇帝服一品錫衰」などと定められており、日本の律令を作るときもこれを参考にしたのです。ところが、ここで大きなミスがありました。

中国の「錫衰」は「粗製の麻布」という意味で、色は白（生成《きなり》）。ところが日本の学者は「錫」を金属の「スズ」と読んで「錆びたスズの色」と勘違いし、喪服の色をグレーにしてしまった、というわけです。それ以降、日本の喪服の色がそうした色調になってしまったのですから、たいへんな勘違いです。

この喪服の色彩として一般的な名称は「鈍色《にぶいろ》」です。『宇津保《うつほ》物語』には「重き御服をこそ着せ侍るべかりけれ。心ときめきのやうなれどもとて、濃き鈍色の御衣一襲、黒橡《くろつるばみ》の御小袿《こうちぎ》取り出でて」などとあります。平安時代には鈍色の濃さを調節することで、喪に服する気持ちの軽重を表現するようになっていました。

この「鈍色」はグレー系の色ということなのですが、古い文献を見ると、鈍色は黒が薄くなったモノトーンのグレーではなく、藍《あい》を入れたブルーグレーであったようです。モノトーングレーは「鼠色」と呼んで別の色として扱っていました。南北朝時代の『撰塵装束抄《せんじんしょうぞくしょう》』（高倉永綱）には「喪服事。（中略）単《ひとえ》、鈍色。表袴《うえのはかま》、平絹《ひらぎぬ》鼠色、或鈍色」として、鼠色と鈍色を区別しているのです。江戸時代の『禁中方名目鈔校註《きんちゅうかたみょうもくしょうこうちゅう》』にも鈍色について「ウツシ花ニ墨ヲ交テ染タルナリ」とあります。江戸時代には薄いブルーは喪服として用いられましたが、これもこうした色彩感覚の流れを受けているのでしょう。

# 七夕《たなばた》の植物は「笹《ささ》」ではない

3月3日を「桃の節供《せっく》」、5月5日を「菖蒲《しょうぶ》の節供」、9月9日を「菊の節供」というならば、7月7日は何の節供でしょうか。笹ではありません。「梶《かじ》の節供」と称すべきでしょう。もともと七夕に欠かせない植物といえばカジノキ（梶の木、学名：*Broussonetia papyrifera*）の葉でした。これは天の川を渡る舟の舵《かじ》とも掛けています。『万葉集』には

天の川　楫《かじ》の音聞こゆ彦星《ひこぼし》と
織女《たなばたつめ》と　今夕逢ふらしも

とあります。

「七夕《しちせき》」を「たなばた」と発音するのは和語です。日本には古来「棚機津女《たなばたつめ》信仰」があり、織維関係の儀式として中国由来の行事とつながりました。それが「乞巧奠《きっこうでん》」。女子が染織技術の向上を願う祭、つまり「乞（乞い願う）巧（技芸向上）奠（中国風祭）」です。『延喜式《えんぎしき》』（織部司《おりべのつかさ》）で

は「七月七日織女祭《しょくじょさい》」として祭っています。染織関係の役所である「織部司」でこの祭をするのは理解できることです。

その後、染織関係だけでなく楽器演奏など、様々な技芸向上を願う祭りに発展し、「乞巧奠」は公家《くげ》社会で盛んに行われる祭りとなりました。しかし乞巧奠は織女祭とは異なり、貴族の家々で私的に行われていた家庭行事の名称のようです。『玉葉《ぎょくよう》』（九条兼実）の承安三（１１７３）年7月7日の記録には「帰宅の後、節供つねのごとし。乞巧奠つねのごとし」とあり、毎年行う恒例行事となっていたようです。

ここで重要になるのが梶の葉です。梶の葉の大きな特徴として、墨の乗りが良いということがあります。そのために梶の葉に和歌を書くという風習が生まれました。

『後拾遺和歌集《ごしゅういわかしゅう》』
天の川　門渡る舟の梶の葉に　思ふことをも　書きつくるかな（上総乳母《かずさのうば》）

『新古今和歌集《しんこきんわかしゅう》』
たなばたの　とわたる舟の梶の葉に　いく秋書きつ　露の玉づさ（藤原俊成）

など、この風習が平安時代まで遡ることがわかります。室町後期の『年中恒例記《ねんじゅうこうれいき》』には、「七月七日は梶の葉に七夕の歌を7首詠まれる。硯《すずり》の水には芋の葉の露を葉で包んで硯水《けんすい》入の上に置く。硯の蓋を裏返して梶の葉7枚・梶の皮・素麺《そうめん》等を入れて、梶の葉に歌を書いた後、梶の皮と素麺で竹に付けて、屋根の上に上げる」と、複雑な儀式の方法を記しています。

江戸時代の宮中でもこの風習は受け継がれました。天皇が梶の葉に和歌を書き、牽牛《けんぎゅう》と織女に手向けるという儀式です。『後水尾院当時年中行事《ごみずのおいんとうじねんじゅうぎょうじ》』（後水尾天皇）にも「七月七日に梶の葉に歌を書いて二星に手向ける」として、同じような手順が示されています。天皇が歌を書いた梶の葉の束は、「手長《てなが》」（配膳役の内侍《ないじ》）から非蔵人《ひくろうど》（宮中雑用係）に伝達。非蔵人は庭に出て、屋根の坤《こん》（南西）に向けて放り投げるのです。

この梶の葉に歌を書くことが、江戸時代の庶民に普及するうちに「五色《ごしき》の短冊《たんざく》」に願いごとを書く風習に変化したのです。

ところで、七夕の行事食といえば素麺《そうめん》です。織姫《おりひめ》は天で機《はた》を織っているわけですから、素麺が糸のようで、いかにも……と思うのですが、これがそうではないのです。室町後期の『世諺《せげん》問答《もんどう》』（一条兼冬）によれば『十節記』という本に書かれていることだが、高辛氏《こうしんし》の子が7月7日に死んで霊鬼になって人に熱病をもたらした。その鬼は生前、麦餅が好きだったので、索餅《さくべい》を祭って病気除けとしたということである」ということです。よくある古代中国由来のお話。「高辛氏」というのは説話によく登場する中国の神話世界の皇帝「帝嚳《ていこく》」のことです。本人は聖帝とされますが、その子が祟《たた》りをなす話が各種伝えられています。

ここで考えなければならないのは、昔（室町や平安、あるいは行事が始まった古代中国）における「素麺とは何だったのか」ということ。『世諺問答』には「索餅」と書かれています。これは一体何でしょうか。鎌倉前期の『厨事類記《ちゅうじるいき》』の「索餅」の項には「ムギナハ、タヅカ。粉熟《ふずく》。餛飩《こんとん》」とあって、うどんの仲間のような位置づけ。さらに「湯に浮く程に茹でて、冷まさないで少しずつ取って何にでもつけて食べる」とあり、まるで釜あげうどんのようです。同時に「赤くも青くもして」とありますので、これは五色素麺のようですね。

また、奈良時代に中国から「唐菓子《からくだもの》」として入ってきたときは、油で揚げたものだったようです。『延喜式』（主殿寮・宮中で油を管理した）には「大膳職《だいぜんしき》に胡麻油1升2合を配給。天皇・皇后の索餅用に」とあります。「麦縄」という別名があるように、形状はねじってあるので中華菓子の「麻花《マーファ》」のようなものでしょうか。こういうものならば、古代中国の「高辛氏の子」が好んでいたというイメージに合致します。

油で揚げたり、茹でたまま熱いうちに食べる方式は食品衛生上の知恵。現代の素麺のように水で冷やして食べる方式は、清潔清浄な水がふんだんにあることが前提です。そういう意味では、世界広しといえど、日本でしかあり得ない食品（食べ方）だったといえるでしょう。

# 「くそ」は愛称だった？

夏、中心が赤い白い小さな花を咲かせるつる草が目につきます。これがヘクソカズラ（屁糞葛、学名：*Paederia scandens*）です。花は可憐《かれん》なので「早乙女花《さおとめばな》」という素敵な名前でも呼ばれるのですが、なんともまぁ、可哀相な名前をつけられたものです。しかし秋になる実を手で揉むと、なるほど酷い悪臭がたちますので、その名前にもうなずかざるを得ません。これは世界共通の認識のようで、中国では「鶏屎藤」ですし、英語でも“Skank vine”つまり「スカンクのつる草」と呼ばれます。

今では「屁」まで付いてその悪臭が強調されますが、奈良・平安時代は「屎《くそ》かづら」と呼ばれていたようです。屁、なし。『万葉集』には次の和歌がとられています。

さう莢《けふ》に　延《は》ひおほとれる屎葛《くそかづら》
絶ゆることなく　宮仕へせむ　（有由縁幷雑歌・高宮王《たかみやのおほきみ》）

（イバラに絡みつく、強くたくましいクソカヅラのように、絶え間なく頑張って宮仕えしよう！）

まるで猛烈サラリーマンのような歌ですね。この花の花言葉が「人間ぎらい」というのは、その臭気が原因なのでしょうけれども、なんとなく憎めない存在だったようにも思える歌です。

実に奈良時代からクソ扱いされていたわけですが、当時「屎」というのは悪い意味だけでもなかったのかもしれません。『皇胤紹運録《こういんじょううんろく》』には桓武天皇の夫人が「藤原小屎《おぐそ》」であると記しますし、『古今和歌集《こきんわかしゅう》』選者の紀貫之《きのつらゆき》の童名は「阿古屎《あこくそ》」でした。『源氏物語』（手習）には「いづら、くそたち、琴とりてまゐれ」という記述があります。この「くそたち」は「女の子たち」というような意味。つまり「くそ」は、「柿本人麻呂」の「麻呂」や「森蘭丸」の「丸」などと同じく、幼い者の愛称的な用語、二人称であったようです。そもそもこの「まる」「まろ」も、大小便をする動詞の「まる（放る）」から来たといわれています。子ども用移動便器「おまる」の語源ですね。公家の一人称「マロは……」も同じことです。

『日本書紀』には「送糞。此云倶蘇摩屢《くそまる》」や「尿。此云愈磨理《ゆまり》」などの記載もあり、日本人はどうも昔から「くそ」に親しみのような感覚を持っていたようです。そう考えると、「屎葛」という名称に、私たちが考えるほどの悪意や臭気は感じなかったのかもしれないですね。

# 「ひいき」の由来は妖怪？

神社の鳥居《とりい》や石碑《せきひ》の下に、亀のような石造物が敷かれていることがあります。普通は亀と思われてしまうのですが、これは「贔屓《ひいき》」という幻獣です。贔屓は中国の伝説的動物で、龍の子である「竜生《りゅうせい》九子《きゅうし》」の一種とされます。亀に似て、ともかく重い物を背負うのが好きという、なかなか奇特な生き物です。

「贔屓」という漢字には「貝」がたくさんあります。古代中国では貝は貨幣として用いられましたので、貝はお金や財物を表す漢字に用いられました。ですから

「贔屓」には財物をたくさん持っているという素敵な意味もあったのです。重い負担に耐えるには財物の裏付けが必要ということでしょうか。

『看聞日記《かんもんにっき》』（伏見宮貞成親王）の応永二十八（１４２１）年７月の記事に「贔屓ある気色」という表現があります。この「贔屓」は「肩入れする」ということ。今、役者の熱心なファンを「御贔屓筋」と言ったりするのも「支援者」という意味です。「どうぞご贔屓に」というのは「支援してください」という意味。つまり「贔屓＝支える」です。鳥居や石碑を支えるのも当然なのです。しかし今「贔屓する」というと、「依怙贔屓《えこひいき》」のようなアンフェアなイメージのほうが強いかもしれません。

江戸時代、朝廷におかれた「武家伝奏《ぶけてんそう》」という、幕府との折衝役をする公家《くげ》が、幕府の老中《ろうじゅう》・所司代《しょしだい》に提出した宣誓血判状『武家伝奏誓詞《せいし》』には、「公武の御用をするときは同僚と仲良くし、諸事につき申し合わせて、依怙贔屓しないこと。もし違背すれば梵天《ぼんてん》・帝釈《たいしゃく》・四大天王、総日本国中の大小神祇《じんぎ》の罰を受けます」とあります。もちろん依怙贔屓はいけませんが、文章は悲しいほど、まったく幕府にへりくだったもので、江戸時代の朝幕の力関係がよくわかります。

# 「二礼二拍手一礼」は明治以降のしきたり

神社で拝礼するときの作法として「二礼二拍手一礼」というものがあります。2回おじぎをして2度拍手し、最後にもう1回おじぎをする、という礼法です。神社によって多少異なる作法もありますが、ほとんどの神社では二礼二拍手一礼です。

この作法は明治時代になって考案されたものです。明治初年、「式部寮《しきぶりょう》」という役所がありました。平安時代の「式部省」は、文部省＋人事院といった内容を持つ役所で、教育行政と文官の人事を扱う重要な部局。長官である式部卿には、親王が就任するのが例でした。これがいわゆる式部卿宮です。明治になってからの官制では、文字どおり「儀式・式典」を扱う役所になります。明治維新の混乱期で、役所の中身も名称もクルクルと変わる時代。まず明治四（1871）年7月、太政官《だじょうかん》に「式部局」が置かれましたが、翌8月、式部局は雅楽《ががく》・舎人《とねり》の2局とともに廃止されてしまいます。そして改めて「式部寮」が設置されたのです。その後、明治十（1877）年には宮内省に移管され、明治十七（1884）年には「式部職」に改称。現在の宮内庁式部職につながります。

神社行政も国家神道を進める上で「神祇官《じんぎ》」「神祇省」「教部省《きょうぶ》」と変遷し、大きく混乱していました。そもそも江戸時代までの神道は神仏習合《しゅうごう》ですし中央集権的ではなく、各神社で独自の祭式運営がなされていましたから、ひとつにまとめるのはたいへんだったのです。そうしたとき、最も頼りになるのが明治政府における有職故実《ゆうそくこじつ》の総本山である「太政官式部寮」であったわけです。教部省は神道の国教化を図る「大教宣布《だいきょうせんぷ》」に忙しく、明治五（1872）年3月から、宮中祭祀事務は式部寮の所管でした。明治十年に宮内省に移管されたのは、もはや有職故実が宮中でしか役に立たなくなってしまったからでしょうか。同年に教部省も廃止され、神社行政は内務省の部局「社寺局」の扱いとなります。

「二礼二拍手一礼」を決めたのが太政官の式部寮です。明治六（1873）年3月、式部寮達《たつし》『官幣諸社官祭式《かんぺいしょしゃかんさいしき》』、さらに明治八（1875）年4月に式部寮達『神社祭式』が出され、それまでまちまちであった、全国の神社の様々な祭式の行事・作法が全国統一ルールとして制定されたのです。ここで「再拝拍手」という参拝方法が定められました。「再拝」は2回頭を下げることで、平安中期の『九条年中行事《くじょうねんじゅうぎょうじ》』（藤原師輔）の「大原野祭《おおはらのまつり》」に「神主着座、拝読祝詞。終わりて再拝両段、拍手四度」とあるように、古くからの神拝作法でした。「両段」は「それを2度繰り返す」ということで、「再拝両段」は4回頭を下げることを意味します。

この「再拝拍手」が「二礼二拍手」となり、その後「最後に礼がないと何となく締まりがない」と考えられ、さらに「一礼」が付く、今の形になったのです。

# 日本の神様は「日陰」にいた

世界の様々な宗教では、大きな儀式に煌《きら》びやかな装飾をし、聖職者やスタッフは美しい装束に身を包むことも多く見られます。しかし日本の伝統的な宗教である神道の儀式に際しては、普段よりもつつましい装束を身に着けることが特徴的です。

天皇即位後初めての新嘗祭《にいなめさい》を「大嘗祭《だいじょうさい》」と呼び、当然ながらこれは最も重要な神事ですが、その際に祭員が身に着けるのは、生成《きなり》の麻布に草の汁を摺《す》りつけて素朴な文様を描いた「小忌衣《おみごろも》」。これは自然とともに生き、自然を敬愛した私たちの祖先の衣類を表現していることは間違いないでしょう。

神事の際に様々に用いられるのが「日陰、樹陰に生える植物」です。鎮守《ちんじゅ》の森の日陰に入ると、森林浴効果で独特の癒し感がありますが、私たちの祖先は、そこに神を見出していたのでしょうか。小忌衣に摺り出される文様も、シュロやワラビなどの植物が多く用いられますが、最も特徴的なのがその名もズバリ「日蔭蔓《ひかげのかずら》」です。

ヒカゲノカズラ（学名：*Lycopodium clavatum*）はシダ植物。日蔭蔓は日向でもよく生えますが、樹陰を好みます。この日蔭蔓を冠《かんむり》に掛けて装飾とします。平安中期の『西宮記《さいきゅうき》』（源高明）には、新嘗祭に際して「小忌の王卿《おうけい》以下は、青摺布袍《あおずりふほう》を着て、冠に日蔭蔓をつける」とあります。これは中国からの華麗な文物が到来する以前の風俗を偲んでいるのかもしれません。かつて自然と共に生きていた大和《やまと》民族が、神事に際して頭に日蔭蔓を掛けて、自然と同化した精一杯のお洒落を演出していた、その姿を再現しようとしたのでしょうか……。

『古事記』の天岩戸《あまのいわと》説話では、天宇受売命《あまのうずめのみこと》が岩戸の前で舞い踊るとき、ヒカゲノカズラを襷《たすき》に欠け、まさきの葛（テイカカズラという説あり）を髪に巻いています。こうした姿を再現したのが、神事の日蔭蘰だったのでしょう。

このほか、お正月の「卯槌《うづち》」飾りにも日蔭蔓を用います。『枕草子』には卯杖《うづえ》に「山橘《やまたちばな》（ヤブコウジ）、日蔭蔓、山菅《やますげ》（ヤブラン）」という、樹下植物を飾っていたことが記されています。今日においても「掛蓬萊《かけほうらい》」と呼んで日蔭蔓をお正月の飾りとする風習があります。このように、地味な植物である日蔭蔓は、いかにも「神聖」を感じさせる植物とされてきたのです。

# 誕生日パーティーはいつからあった？

日本では「年齢計算ニ関スル法律（明治35年12月2日法律第50号）」により、公式には満年齢を用いるようになりましたが、古くから「数え年」で年齢を数えていました。今でも「厄年《やくどし》」などは「数え年」で計算します。数え年は、生まれたときを1歳で起算し、いつ生まれであっても1月1日に全員1歳加算する、というものです。これですと「誕生日」という概念はなくなります。

しかし人情として「何月何日に生まれた」という誕生日に関する思いは当然ありました。室町時代の文献では、誕生日に特別なことをした記録があります。『桃花蘂葉《とうかずいよう》』（一条兼良）に「毎年の誕生日に高僧に祈願を依頼する」という内容が書かれていますから、「誕生日」という単語があり、特別な日と意識されていたことがわかります。

平安・鎌倉時代の貴族たちが誕生日をあまり公表しなかったのは、密教由来の「宿曜道《すくようどう》」（占星術）の影響かも知れません。南北朝時代の『河海抄《かかいしょう》』（四辻善成）には「宿曜は二十八宿九曜の運行により人の運命を知る」とあります。生まれた年月日、時刻などからその人の運命を見るもので、他人に悪用されることを恐れて公表を避けた、ということがあるでしょう。
室町末期の『年中恒例記《ねんじゅうこうれいき》』（広橋兼秀）には「年中御さばの供御」の項に「昔は毎日サバをしていたが、今は御誕生日ばかりなり」とあります。この「サバ」は魚の鯖ではなく仏教の「生飯」のこと。食事のときに飯をとり分け、鬼神や餓鬼《がき》、鳥獣などに供することです。これを誕生日に行ったのですね。

楽しい宴会としての誕生日祝いが盛んになったのは、満年齢が一般的になった戦後のことだといっても過言ではないでしょう。しかし一つ大きな例外があります。それが天皇誕生日で、古くは「天長節《てんちょうせつ》」と呼びました。これは唐の玄宗《げんそう》皇帝から来た風習で、日本では奈良時代の光仁天皇の御代から始まりました。『続日本紀《しょくにほんぎ》』の宝亀六（７７５）年9月11日の記事に光仁天皇の勅命《ちょくめい》が記されています。「10月13日は朕《ちん》が生まれた日であり、この日は内外の百官に宴会を賜る。よってこの日を『天長節《てんちょうせつ》』とする。天下は大いに祝って欲しい」。

時代は下り明治六（１８７３）年1月4日、新暦への改暦にあたり、新しい祝日が定められました。それは「人日《じんじつ》・上巳《じょうし》・端午《たんご》・七夕《たなばた》・重陽《ちょうよう》の五節を廃止し、神武天皇即位日・天長節の両日を祝日とする」というもの。これ以降、天皇誕生日はずっと祝日ですが、令和元（２０１９）年に限っては、2月生まれの天皇陛下が5月に即位されたため、12月生まれの上皇陛下の誕生日が「天皇誕生日」ではなくなり、「天皇誕生日がない年」という珍しい年になりました。

# あとがき

わたくしの勉強している「有職故実《ゆうそくこじつ》」は、「昔の事実の知識がある」という意味です。これは平安時代に生まれたもので、衣食住から官職位階など政治に関する定めまで、朝廷・貴族社会の生活すべてに関わるルール・マナーの集大成です。

先例を踏襲することを大切とした平安貴族たちは、政治的な判断や儀式の運営方法などを決定する際、過去の政令や規則の記録、あるいは個人の日記などの文献をあたり、先例である「故実」を調べることを重視しました。故実を引いて考えることを「引勘《いんかん》」と呼び、これは公家《くげ》たちの重要な仕事とされたのです。現在においても、様々な論説で“evidence”や“source”が重視されますが、それは「引勘」の考え方と似ています。

有職故実を学ぶ者は、何ごとにおいても文献的根拠を求めるようになります。何かの情報を聞いたとき、まず「それはどういう文献を根拠にしているのか」という姿勢で臨みます。世の中で当たり前のように語られていることでも、引勘をしないと気がすまないのです。本書はそうした考え方から、歴史に基づくものとして普通に語られ、多くの人たちが思い込んでいる「常識」の根拠を探り、また故実があるのに今の世では忘れられているようなことを発掘する試みをしたものです。

おのずと「実はこの常識には根拠がないのです」というようなことを語ることが多くなってしまった

のですが、これは「物事が存在しなかった」ことを意味するものではありません。今後の研究によって新しい文献が発見されたり、新たな考察が生まれることによって、また解釈が変わってくる可能性も大いにあります。それが学問の進歩です。

また歴史には事実だけではなく、人間の情念に立脚したロマンの側面もあります。文献記録があっても、「こうであったらいいな」という願望を書き連ねた部分もあります。どこまでが事実かを見極めるのは非常に難しいのですが、一応現存する文献の記述を根拠としました。

本書では引勘のために数多くの文献を紹介・引用しました。本来ならば引用は原文であるべきですが、読みやすさ・わかりやすさを最優先するために、思い切って現代語訳しました。より深くお知りになりたいという方は、ぜひ原文に当たっていただきたいと思います。多くの古い文献が残っていることは、日本の大きな誇りです。

最初は「誤解」「捏造」であったとしても、それを数百年、千年と連綿と受け継いできていれば、もはや「常識」といっても間違いとはいえないでしょう。しかし本書では、あえて根拠を調べる姿勢を保ちました。

人は「見たい」ことだけ見て、「聞きたい」ことだけ聞きたがる傾向があります。何かの説を見聞きしたとき、「ほんとかな?」「根拠はあるのかな?」と一歩引いてみて、原典に当たる習慣は大切だと考えます。それが世界中にはびこる根拠なき誹謗《ひぼう》中傷や、フェイクニュースに対抗する大きな力になると思うのです。そしてそういった目で歴史を見ることは、あらたな楽しさをもたらしてくれるでしょう。

八條 忠基（はちじょう ただもと）

綺陽装束研究所主宰。「有職故実」の研究・普及のため、古典文献の読解研究や装束の再現、執筆など多岐にわたる活動を行う。また有職故実にかかわる監修のほか、全国の大学・図書館・神社等での講演も多数。主な著書に『素晴らしい装束の世界』（2005年）、『平安文様素材CD-ROM』（2009年）、『有職装束大全』（2018年）、『有職の色彩図鑑』（2020年）、『日本の装束解剖図鑑』（2021年）などがある。

イラスト：伊野孝之
ブックデザイン：瀧澤弘樹

# 「勘違い」だらけの日本文化史

2021年6月10日　初版発行

著　者　八條忠基
発行者　納屋嘉人
発行所　株式会社 淡交社
本　社　〒603-8588 京都市北区堀川通鞍馬口上ル
　　　　営業　075（432）5151
　　　　編集　075（432）5161
支　社　〒162-0061 東京都新宿区市谷柳町39-1
　　　　営業　03（5269）7941
　　　　編集　03（5269）1691
　　　　www.tankosha.co.jp
印刷・製本　中央精版印刷株式会社

ISBN 978-4-473-04472-3